幼儿园
管理故事集锦

YOUERYUAN GUANLI GUSHI JIJIN

主　编　李丽华
副主编　李朝晖　王　倩　刘湘丽

语文出版社
·北京·

图书在版编目（ＣＩＰ）数据

幼儿园管理故事集锦 / 李丽华主编. -- 北京 ：语
文出版社，2020.11
ISBN 978-7-5187-1147-5

Ⅰ. ①幼… Ⅱ. ①李… Ⅲ. ①幼儿园－管理 Ⅳ.
①G617

中国版本图书馆CIP数据核字(2020)第201632号

责任编辑	万迪欣	
装帧设计	徐晓森	
出　　版	语文出版社	
地　　址	北京市东城区朝阳门内南小街51号　　100010	
电子信箱	ywcbsywp@163.com	
排　　版	河北新华第一印刷有限责任公司	
印刷装订	河北新华第一印刷有限责任公司	
发　　行	语文出版社　新华书店经销	
规　　格	787mm×1092mm	
开　　本	1 / 16	
印　　张	11.75	
字　　数	152千字	
版　　次	2020年11月第1版	
印　　次	2020年11月第1次印刷	
印　　数	1～3,000	
定　　价	36.00元	

📞 010-65253954(咨询) 010-65251033(购书) 010-65250075(印装质量)

编 委 会

前　言

　　古人云："不谋万世者，不足以谋一时；不谋全局者，不足以谋一域。"学会从整体和全局出发认识事物和处理问题是做好事情的基础。幼儿园里每天都发生着这样、那样的小故事，这本管理故事集锦收录了园长管理园所、中层干部面对教师以及班级教师与同伴、幼儿、家长相处时的真实案例。这些以纪实的形式汇总起来，梳理思路、提取经验、共享策略，以谋求幼儿园教育品质提升、教师团队整体发展之法，谋求教师教育实施、家园共育之策，供每个和我们一样的伙伴借鉴，共同实现施教时有方法、付出中有收获的目标。

李丽华

目　录

班级教师管理故事 | 59

班级幼儿管理故事 | 107

班级家长管理故事 | 141

园长管理故事

项目竞标——让合适的人做适合的事

李丽华

　　一天中午，保教主任张老师急匆匆地走进我的办公室。看到她焦虑而低落的神情，我隐隐感到不安，赶忙问她："怎么了？发生什么事了？"她说："园长，我想和您聊一聊今年的'六一'嘉年华活动。作为这个活动的总负责人，我特别感谢园里给我这样一次历练的机会。我接手这项工作已经一个月了，负责方案制定、节目编排、文案撰写和新闻宣传等一系列工作，但除了我比较擅长的节目编排没有出现问题，其他几项工作都接连出现了一些失误。为此，我深感挫败，觉得自己可能不适合做这项工作的负责人。因为自己的失误，耽误了园里整体工作的推进，我心里很内疚，这几天都没睡好，生怕再出差错。"张老师的一席话深深触动了我。我先安抚了她的情绪，在帮助她分析自身优势与不足的同时，也将我的建议和经验分享给她，希望她能重拾信心。

　　张老师离开后，我的心情却没能真正放松。每一次大型活动对全园来说都是一次历练和展示的机会，如何做到既保证每个干部教师都有公平发展的机会，又能尊重每个人的意愿，最大限度地发挥他们的优势，真正做到取长补短、共同进步，是需要认真思考的问题。

　　很快，在一次听取后勤工作汇报时，我对解决这个问题有了新思路。后勤主任李老师找我汇报新园设备的采选工作，她说："园长，这是我从质量、价格与品牌等方面综合选出的几家比较好的公司，它们各有优势，您看看咱们是不是可以用竞标的方式来确定最终的公司呢？"听完她的汇报，我忽然产生了一个想法：采购设备可以用竞标的方式，那园里的大型活动是不是也可以作为"项目"，让干部们根据自身的优

园长管理故事

项目竞标——让合适的人做适合的事

李丽华

一天中午，保教主任张老师急匆匆地走进我的办公室。看到她焦虑而低落的神情，我隐隐感到不安，赶忙问她："怎么了？发生什么事了？"她说："园长，我想和您聊一聊今年的'六一'嘉年华活动。作为这个活动的总负责人，我特别感谢园里给我这样一次历练的机会。我接手这项工作已经一个月了，负责方案制定、节目编排、文案撰写和新闻宣传等一系列工作，但除了我比较擅长的节目编排没有出现问题，其他几项工作都接连出现了一些失误。为此，我深感挫败，觉得自己可能不适合做这项工作的负责人。因为自己的失误，耽误了园里整体工作的推进，我心里很内疚，这几天都没睡好，生怕再出差错。"张老师的一席话深深触动了我。我先安抚了她的情绪，在帮助她分析自身优势与不足的同时，也将我的建议和经验分享给她，希望她能重拾信心。

张老师离开后，我的心情却没能真正放松。每一次大型活动对全园来说都是一次历练和展示的机会，如何做到既保证每个干部教师都有公平发展的机会，又能尊重每个人的意愿，最大限度地发挥他们的优势，真正做到取长补短、共同进步，是需要认真思考的问题。

很快，在一次听取后勤工作汇报时，我对解决这个问题有了新思路。后勤主任李老师找我汇报新园设备的采选工作，她说："园长，这是我从质量、价格与品牌等方面综合选出的几家比较好的公司，它们各有优势，您看看咱们是不是可以用竞标的方式来确定最终的公司呢？"听完她的汇报，我忽然产生了一个想法：采购设备可以用竞标的方式，那园里的大型活动是不是也可以作为"项目"，让干部们根据自身的优势和特长"竞标"呢?

在行政联席会上,我将这个想法提了出来,引发了干部教师们的热烈讨论。经过研讨,一致通过了这个提议,并确定形成"项目首席制",即将一年的重点工作,如"六一"嘉年华、儿童戏剧节等庆典活动,新入职教师专业技能比赛等评比展示活动,安全实践、亲子运动会、家长课堂等家园共育活动,以"项目"的形式列出,进行"招标",所有干部教师根据自身的优势"竞标","竞标"成功的干部作为该项目的首席负责人,负责该项目的实施与推进,并采用双向选择的方式,招募干部教师,组建项目小组,明确每个人的分工及责任。项目完成评估后,项目小组自行解散。

项目小组成员由干部教师临时组建。每个干部教师根据自身优势和特长,既可以"竞标"项目的首席负责人,也可以"竞标"成为项目组的其他成员,在项目中承担不同的工作。这种方式既能最大限度地发挥每个人的作用、提高工作效率,又能凝聚集体的力量,实现合作共赢。

好老师就是好妈妈

李丽华

"上次的征文你就没参加，这次的公开课评比你又说不参加，你是怎么想的呀？"中午路过主任室，我看见保教主任刘老师正和年轻的李老师争辩着，气氛十分紧张，隔着一道门都能感受到刘老师急躁的情绪。"我觉得我现在没有心思和精力去做这件事。"李老师低着头解释。"为什么没有精力？这是你自己的事情，关系到你今后的发展，咱能不能上点心。"刘老师越说越着急。"我孩子还小，现在对我来说孩子是第一位的。工作只是我生活的一部分，而且我老公和婆婆也都希望我能拿出更多的时间照顾孩子。希望您能理解。"李老师坚定地说。

听到李老师的话，我的心一下子揪了起来。李老师是一位有 5 年工作经验的成熟教师，还是一位主班老师，平时工作十分积极认真，一直都是新教师的学习榜样。前几年的努力使她积累了很多成果，获得了很多奖项。去年，李老师做了妈妈，这原本是一件值得高兴的事，但让我没想到的是，她当了妈妈之后，工作态度会有这么大的转变。面临家庭和事业的冲突，她将重心完全放到了家庭上，这样的状态对她的发展真的好吗？幼儿园还有很多像李老师一样已经组建或即将组建自己小家庭的年轻教师，家庭和事业的关系处理不当，会对他们的工作及生活产生很大影响。

为此，在学期末，我们邀请了北京师范大学的心理学教授为全体教师作了题为"家庭·事业·人生"的讲座。专家用灵活多样的互动方式、接地气的案例讲解、个人成长经历的真情分享，从家庭与事业的辩证关系、如何经营亲密关系、如何规划职业生涯、家庭事业平衡之道等四个方面入手，分享了事业和家庭双优平衡之法，指导教师树立科学的家庭和事业观，掌握处理家庭和事业关系的艺术与技巧。

讲座结束后不久，李老师主动找到我，谈起孩子出生后给她生活带来的改变。她说："成为妈妈是我这一年中最开心的事情，但有了孩子后，我和家里人都认为我应把大部分精力放在孩子身上，老公和婆婆也给了我很多压力，希望我把重心放在家庭上。对于这件事，我也曾和家人抗争过，但最后还是选择了妥协。这次听完讲座，我突然有种茅塞顿开的感觉，学习到很多处理家庭关系的方法。谢谢园领导对我生活的关心。现在婆婆主动帮我带孩子，其他家人也越来越支持我的工作了。"

听完李老师的诉说，我感到特别欣慰，对她说："你现在经历的，我也曾经经历过，甚至可能比你的情况更糟糕。我刚刚成为妈妈时就接手了这个幼儿园，那时候工作特别忙，总是早出晚归，孩子只能交给老人照顾。有时候回到家看见孩子已经睡了，心里一阵阵地难过。我也犹豫过，想过要放弃，但每次我都鼓励自己坚持下去。"李老师边听边不住地点头，眼圈有些发红。

我继续说道："其实，每一个职场妈妈都会有一个适应的过程，我并不希望我的老师们一心扑在工作上，忽视了对家庭的关注，而是希望大家学会在家庭和工作之间寻求平衡点，只有成为一个好老师，才能成为一个好妈妈。你希望孩子成为什么样的人，你就应该去做一个什么样的人。作为妈妈，除了陪伴，我们还应该努力把自己变得更好，让孩子对我们有爱也有尊敬，并能从我们身上学到好的品质和积极生活的态度。因为比起言传，身教的方式更有利于孩子健康成长。"听完我的话，李老师激动地说："谢谢园长的关怀，您的一席话说到我心里去了，也让我再次找到了方向。园里为老师们搭建了这么多好的平台，我没有理由放弃自己。今后我一定好好工作，做一个好老师，也做一个好妈妈。"

　　家庭是每个人的大后方，不同的职场群体都会不同程度地受到工作与家庭冲突的影响。作为幼儿教师，我们不仅要做好保教工作，还需要在家庭投入大量的时间和情感。一些初为人母的年轻教师，还不太会在工作和家庭之间进行角色转换，一旦不能圆满胜任工作或满足家庭需求，她们就会有挫败感。因此，帮助教师，特别是年轻教师平衡好家庭与工作的关系是园长管理工作中十分重要的环节。只有当教师拥有稳定、和谐、幸福的大后方时，他们才会有在前方"冲锋陷阵"的力量。

一次画展，一次成长

李丽华

　　一天中午，刚刚吃过午饭，教学主任王老师就来找我，用微微颤抖的声音说要和我谈谈。我将她请进办公室，让她坐下慢慢说。"今天上午在行政会上，您将中日友好交流画展这项工作交给了田老师，我不明白为什么。往年这项工作都是我来做的，您是不是觉得我哪里做得不好，才把这项工作交给别人？"王老师的脸上写满了委屈。中日友好交流画展是幼儿园每年举办一次的特色活动。这项活动以前都是由教学主任王老师负责，今年我将这项任务交给了新来的教学主任田老师，王老师对此有意见情有可原，我表示非常理解。

　　为了平复王老师的情绪，我递给她一杯茶，笑着对她说："不是你做得不好，正因为你将这项工作已经做得很好了，我才让田老师来做。"看着她充满疑惑的表情，我继续对她说："田老师是咱们园今年新来的教学干部，她在原来的幼儿园一直负责大班的教学工作，是区级骨干教师，在科普领域的教育教学方面取得了很多成果。这段时间，我让她进班熟悉幼儿园的环境、工作流程和要求，她学习得很认真，适应得也很快，这说明田老师有着积极的工作态度和较强的工作能力。"王老师点了点头。

　　我继续说："但是，田老师在教学管理上也存在一些不足，有些工作习惯需要调整。上周我参加了一次大班的教研活动，发现田老师对其他教师的指导要点都很到位，但是她有个不太好的口头语是'你们现在给我听好了，你们这样是不行的'。这样命令性的语言多了，给教师们表达想法的机会就少了。教研不是一言堂，如果不给教师们说话的机会，怎么能集思广益，达到教研的真正目的呢？"王老师不住地点头："您说得对，我们这些中层干部在指导教师工作的时候，应该以一种平等的姿态和其他教师交流，而不是命令和指示。"

看到王老师情绪平复了很多，我继续对她说："其实，干部教师和其他教师不仅仅是上下级关系，更重要的是团队合作关系，相互之间要学会取长补短。我之所以让田老师承担这项工作，一方面因为田老师没有在我园承担大型活动的经验，我希望给她历练的机会；另一方面，中日友好交流画展是我园的特色活动，渗透着我们的美育思想和国际理解教育理念，在我园已开展多年，各项工作的标准、流程很规范，便于操作。此项工作能让她在组织活动的过程中深入理解咱们幼儿园的文化、理念，明确各项工作的要求，更重要的是能帮她学会与其他教师友好合作，以便调整自己的工作习惯。"王老师对我的话表示认同，她说自己心里的石头一下子落地了。看到王老师释然的样子，我也很高兴，并请她辅助田老师做好画展工作，彼此交流经验，取长补短，王老师欣然同意了。

在活动结束后的反思会上，田老师带着激动的心情分享了她的收获和心得："以前开展活动，我从没有做过如此细致的活动方案。这次画展活动无论是方案的制定，还是效果图的设计等，都让我对幼儿园各项工作的要求有了更清晰的了解，提升了我的审美素养，也让我更加深入地理解了幼儿园的美育思想与国际理解教育的内涵，理解了美育与国际理解教育的结合点，以及如何将这些理念渗透到儿童的活动中。同时，组织这次活动让我和老师们有了更多深入了解的机会，我学会了如何更好地与他们沟通合作，我们的关系更密切了。"

听完田老师的分享，我感到十分欣慰。行是知之始，知是行之成。实践是成长的最好方式，教师的实践智慧是在具体的教育教学情景中通过不断反思和感悟得来的。作为园长，我就是要给教师创造机会、搭建平台，引领干部教师成为"行家里手"。

不是你们、我们，是咱们

李丽华

60 年，在历史的长河中，或许只是弹指一挥间。但对新中街幼儿园来说，却是一幅辉煌壮阔的幼教长卷。2010 年，在东城区"一长执两校"教育管理模式改革中，新中街幼儿园作为学前首家试点单位，携手东棉花幼儿园共融发展；2013 年，为进一步扩大优质教育资源的辐射范围，新中街幼儿园开设鼓楼分园；2019 年，为缓解"入园难、入好园难"的压力，新中街幼儿园开办了春秀路分园，至此形成了"一长两园四址"的办园格局。我们用 60 年的时间，历经了艰辛，收获了喜悦，不断蜕变、升华……

那是鼓楼分园创建后的第二年初夏，第一届嘉年华活动的筹备工作被提上日程。当时，春秀路分园还没有开办，新中街本园、鼓楼分园和东棉花园的干部召开了"三园干部联席会"，主题是"嘉年华的组织与开展"。

会议开始后，我先让三园所的中层干部们分别说一说自己的想法与设计。第一个发言的是东棉花园的保教主任，她开口第一句就说："园长，让本园主导吧，那儿的老师专业素质高，肯定有很多好想法。"鼓楼分园的教学主任跟着说："我们鼓楼分园地方比较小，老师们也经验不足，还是交给本园来做吧。"听到这些话，本园的保教主任坐不住了，急忙说："最近，我们本园承接了好几项展示活动，忙得不可开交，反正你们分园现在没什么事儿，还是你们来主办吧。"

听完大家的发言，我十分感慨。作为园长，我发现自己在提升教育质量、强化幼儿园文化内核等方面还有很多不足。

于是，我对这些辛苦工作在一线的中层干部们说："各位老师，首先我得做一下检讨。这几年，在本园取得一定成绩的基础上，我们与东棉花幼儿园携同发展，还开办了鼓楼分园，幼儿园在不断壮大，教师的专业成长越来越快。但是让我们想一想，咱们的各个分园真的融合在一起了吗？刚刚大家用的词都是'你们''我们'，大家仔细想过其实应该是'咱们'吗？做到'和而不同、和谐共生'，是我们需要共同践行的方向啊！"

通过这件事，我意识到：对于各园所的管理，我们不能简单地"复制粘贴"，每个园都有特殊的地域优势和教育资源，每个儿童和教师都是独特的个体。基于长远发展考虑，百家争鸣才是教育应该有的状态，在考虑"同质"的同时，也要关注"差别化"。要实现各园教育的均衡发展，一定要有实质性的措施和行之有效的运营机制，应在"美善"的引领下尊重差异，让每个园所各具特色、优质共融，形成"美美与共"的教育生态场，打造"咱们的美善家园"。

在接下来的一段时间内，各园之间交换经验、共享资源、共同探索，寻找各自的特点、亮点，做到园园有独特之处、人人有优势自信，内部互相出谋划策、取长补短，集各方之力将"美善"文化融入教师和团队的血脉之中，真正形成学习型、研究型、成长型互助团队，实现文化同源、初心同一。我们采取的主要措施有以下几方面。

一是打开"思想围栏"，让四园教师参与干部行政例会、文化建设研讨会等会议活动，通过管理的扁平化让全体教师深入了解幼儿园的文化内涵，准确把握办园理念、育人目标，凝聚发展共识。

二是打开"人才围栏"，通过业务干部轮动、骨干教师联动、同岗教师互动等方式，让流动成为常态，形成教师发展"动力群"，提升发展续航力。

三是打开"资源围栏"，建立课程资源"融通"机制。如将东棉花幼儿园的非物质文化遗产传承人课程资源引入新园，丰盈国际理解教育课程；利用新园的使馆资源，带领东棉花幼儿园和分园的幼儿走进使馆，感受多元文化。

现在，我们形成了"两园四址"融合办园模式，"以美育人"特色立美课程，"雁阵式"教师团队，共进培养模式等。我们不忘教育初心，倾尽所能、倾心相付，让每一个幼儿都舒展个性，成为最好的自己；让每一名教师都发挥所长，成就有价值的人生；让每一个园区都独具特色，实现优质教育共融发展。

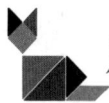

风景这边独好——幼儿园里的"孩子王"

李丽华

> 在我们幼儿园里存在着一个特殊而又普通的群体，他们充满着阳刚之气，在促进幼儿健康发展、形成性别认同、养成坚毅性格方面发挥着重要作用，获得了社会、幼儿园、家长的高度认可。他们就是我们幼儿园的男教师。

一天，我在园里进行日常巡查。操场上，东东老师正带着他们班的幼儿进行体育活动。观察中我发觉东东老师有点儿蔫，打不起精神来，和以前不大一样。我感觉有点不对劲，因为在我的印象中，他是充满阳光、富有活力的老师，是公认的"孩子王"。

活动结束后，我趁着东东老师休息的空隙问他："东东，今天看你带孩子们活动时不在状态，是不是有什么心事？"他深吸了一口气，说："园长，其实，我最近对自己的发展感到挺迷茫的，很早就想跟您聊一聊。您中午有时间吗？"听着东东的回答，我心里咯噔一下，暗想："他不会是打算辞职，离开我们幼儿园了吧？如果他提出辞职，我要怎么留下他？"

怀着忐忑的心情，我终于在办公室等来了东东老师。他坐下来说的第一句话是："园长，我上周去相亲了。"听到"相亲"两个字，我心想："东东今年28岁，正是应当考虑自己人生大事的关键时期，这是好事呀，他怎么反而闷闷不乐呢？"还没等我开口，东东接着说："您知道那个女孩的妈妈知道我的职业后怎么说吗？她说幼儿园老师，美其名曰是幼师，实质上就是专门看孩子的'保姆'，而我就是'男保姆'。带着孩子瞎玩，工资又低，哪有什么发展前景。"

我看到东东的眼眶已经湿润了，不禁想到了他以前的样子：总是细心地顾及每一个幼儿的情绪，或击掌鼓励或拥抱安慰，时不时还贴心地提醒幼儿别忘了喝水，孩子们总爱围着他。我定了定神，回答他说："东东，首先我应该向你说一声对不起。当初的你带着满腔热忱，满怀着美好的理想与期待来到我们幼儿园，至今8年了。在这期间，我们一起拼搏、努力、提升、收获，点点滴滴我都记得清清楚楚。但是我做得不够好，你刚刚说的这些正好提醒了我。未来的路艰难而漫长，对于你们男教师的发展，我还应该给予更多的专业指导和物质保障，给予应有的尊重，我应该和你们一起撑起这半边天。"

和东东老师聊完后，我立即组织全园中层干部共同分析目前男教师们的专业成长困境，探讨和梳理出一系列促进男教师专业发展的策略，希望帮助他们坚定专业理想、找准发展定位、丰厚专业底蕴，向下扎根、向上生长，做更好的自己。我们的具体做法包括以下四个方面。

一、认真研读专业标准，树立科学认知

我们定期组织学习《幼儿园教师专业标准（试行）》，帮助全园教师和家长正确认识男教师在幼儿园中的作用，强化男教师的专业认同。同时通过各类公开课、展示课积极宣传、彰显他们阳光又阳刚的特质，树立男教师对男性从事幼教专业的科学认知，培育专业自觉，达成共识。经过研讨，大家认识到：男女教师各有优势，将男教师的"刚性"和女教师的"柔性"优势互补，形成更好的教育生态环境，将更有利于促进幼儿健康、快乐、富有个性地发展。

二、搭建男教师交流平台，强化专业认同

通过专家引领、组织协调与项目运作，以主题沙龙、专题研习、工作坊体验等多元形式为男教师搭建专业学习、研讨交流、畅谈生活的共享平台，共同探讨烦恼与问题，分享风采与成果，帮助他们了解学前教育事业的发展前景，找准自己的专业定位，树立高远的教育理想，进行合理的职业规划，加强职业认同。

三、立足园本教研，求同存异，促进发展

在园本教研中，我们充分发挥男教师勇敢果断、自信幽默、富有创造性等特点，为他们开设个性化的培训课程，实施相应的教研措施，让他们真正成为能读懂孩子、阳光又阳刚的"孩子王"。通过男女教师之间的求同存异、优势互补，更好地协同促进男女教师的专业成长。

四、参加专业研讨，公开历练，提升水平

有目的、有计划地组织男教师参加各类发展论坛或入园观摩活动，与全国各地参会的男教师面对面交流学习，拓宽教育视野，增强集体归属感，提升职业幸福感。同时，依据男教师自身的专业特长和研究课题，为他们争取在市区级乃至国家级活动中公开展示的机会，让他们在公开历练中展示风采，体验专业成长的快乐。

最近，我园承办了全区男教师运动游戏观摩研讨展示活动，东东老师是展示团队的主力教师。通过观察我发现，东东和之前大不一样了，除了恢复阳光、活泼之外，还多了一份熟练，多了一份自信。我相信他已找到了属于自己的成长之路。

经过总结，我们认识到，男教师的专业成长之路要想走得更远更好，需要我们从教研、科研、管理等途径为他们寻找多元发展机会，帮助他们找准自己的定位，找到专业的立足点，找出专业发展的方向，帮助他们获得更大程度的认可。未来，属于男教师的幼教之路还很长，他们将会在更多的磨砺中不断汲取养分，收获专业成长，获得前行的力量。

持之以恒，久久为功，"孩子王"们一直奔跑在路上。

在这里，你有你的精彩

李丽华

一天，我正在园里进行日常午间巡视。走到小二班时，穆老师急忙拉住我的手说："园长，您可以给我几分钟的时间吗？我想和您聊一聊。"穆老师是90后，工作认真、负责，喜欢钻研，有自己的想法。"当然可以，我随时欢迎老师们来找我。"得到我的肯定之后，穆老师接着说："园长，前两天我们开年级小组会的时候，教学主任说今年咱们要继续开展'十三五'期间的尊重教育科研课题，我特别想加入这个课题组，希望您能给我机会，我一定会好好做的。"我思考了一会儿说："咱们每年都会开展很多课题，你有很多的选择，为什么会特别希望参加尊重教育科研课题呢？"穆老师毫不犹豫地回答："人之初，性本善。我觉得幼儿园的小朋友最纯真、最善良。教育之'育'就是从尊重开始，从尊重幼儿开始，所以我认为，尊重是走进幼儿内心的关键。"我观察到她在说这段话的时候，明亮的眼睛里闪烁着期待的光芒。

和穆老师谈完之后，我便去找了负责该课题的梅老师，想询问一下她的意见："梅老师，你觉得穆老师平时工作怎么样？"梅老师回答说："虽然她到园工作只有短短一年，但对小朋友很有耐心，和家长沟通也挺有方法，家长和小朋友都特别认可她、信任她。"顺着梅老师的话，我说："如果让她做咱们园'十三五'尊重教育科研课题的执行负责人，你觉得怎么样？"梅老师先是一愣，好半天才说："园长，先前这个课题都是我主要负责，让她参与进来没问题，但若让刚工作一年的年轻教师当课题负责人，她能做好吗？这可是国家级的研究课题啊！"发觉梅老师的情绪有一点起伏，我立即安抚道："你别着急。想想咱们当初刚工作的时候，新手一个，什么都不懂，还抵不上穆老师现在这样呢。我们园做事情从来不论资排辈，上次你不是刚代表幼儿园在全区汇报成果嘛！只要有能力、爱教育、爱孩子，每个人都有机会做带头人，每个人都可以发挥自己的所长。只有集体智慧办园，团队交替引领，才能实现园所的可持续发展。你觉得呢？"梅老师听完后，露出了认可的神情。

通过反复讨论，梅老师和课题组成员取得了一致意见，决定让穆老师担任尊重教育科研课题执行负责人，让她带领大家进行课题研究。可没想到的是，穆老师知道后却手足无措地找到我说："园长，能够参与尊重教育科研课题我真的特别高兴，可没想到还让我当执行负责人，我刚来，经验又不足，肯定会搞砸的。"我轻轻地拍了拍她的后背，对她说："穆老师，这一年来你的工作我们有目共睹。让你当执行负责人，这是大家的想法，我们都相信你！"

我建议穆老师先梳理清楚尊重教育科研课题的研究脉络，厘清尊重的价值导向，深挖尊重理念的育人内涵，逐步从研究路径、研究方法、实施方法等方面做出新的探索与尝试。同时，我还与她一起设计课题研究的发展规划，鼓励她按着目标，一步一个脚印、扎扎实实向前走。去年，在东城区召开的"以尊重为价值导向，提升未成年人与人交往中'友善'人格素养的研究与实践"中期报告会上，穆老师代表幼儿园在全区作题为《以友善的师幼关系营造暖心的班集体》的现场汇报，她是发言教师中唯一的90后。会后，好几位园长给我发信息，都说"你们这个小老师说话条理清楚，富有情感。你这个园长捡着宝了。"坐在我身边的梅老师抑制不住内心的欣喜，连连跟我说："园长！您是对的。青出于蓝胜于蓝，年轻也有年轻'Young'"。

马斯洛的"需要层次理论"告诉我们，人的最高需求是"自我价值的实现"。那么，我们教师在哪里实现自我价值呢？其实就在每天创造性的工作中。我们期待教师每一天都怀有"婴儿的眼光"，每一天都带着"黎明的感觉"。关心每一位幼儿，组织好每一次活动的同时，我们更应期待每一位教师的成长，帮助教师转变特长为特色，支持每位教师在不同领域展现风采。

"神奇"的彩色便笺

李丽华

管理是一门科学，亦是一门艺术，无处不闪耀着智慧的光芒，幼儿园管理也同样如此。杜威先生曾说过："每位幼儿园园长都是带着自己的教育哲学思想走进幼儿园的。教育哲学思想看不见、摸不着，但却实实在在地影响着园长的办园行为和管理行为。"在实践我园"为幼儿一生优质生活奠基"的办园理念过程中，园长的一言一行都需要以智慧为基础，只有这样，才能更有效地服务教师，更好地成就幼儿。

每天早晨，我都会拿着"看课夹子"进班看课。有一天，刚一进屋，我就听见在美工区画画的小姑娘说："园长来检查了，快坐好！"满怀着好奇心，我在她旁边坐下。这时，她的身子挺了一下，整个人都绷直了。我用手轻拍她的后背，让她放松。过了一会儿，她悄悄地靠近我，指着她画的卷发小人问："园长妈妈，你知道我画的是谁吗？"我说："是你妈妈吗？"她捂着嘴，笑着说："不是，是你啦！"这时，她看了老师一眼，然后赶紧将食指放到嘴上："嘘！"我小声地问道："怎么了？"她神神秘秘地说："老师说了，园长来的时候说话不能太大声！"旁边的小男孩胸有成竹地插嘴道："对！老师会被扣钱的！"

听着幼儿的话，我的心沉重如铅，没想到常规的每日看课和园长的身份会给教师和幼儿带来如此大的压力。当天中午，我便召集中层干部们开紧急会，针对这一现象集思广益，寻求解决办法。通过研讨我们意识到，想解决教师心存包袱不能潜心教学，以及幼儿对园长避而远之这两个问题，不能一蹴而就，需要找到行之有效的方法与策略。

　　某天晚上回家后，我看到女儿正在用五花八门的便笺将各类零散的资料归档分类。看着这些整理后既整齐又好看的资料，我突然迸发出一个灵感：如果用这样的便笺来代替"看课夹子"的话，教师们的压力会不会减少？

　　第二天早晨，我穿着全园统一的制服，空着双手，兜里揣着彩色的便笺，开始了这一天的"看课"。上课过程中，我仔细观察教师每一个细微的动作，注意她们每一个不易察觉的神情。我发现教师和幼儿们都放松了很多，紧张的情绪得到了有效缓解。下课后，我分门别类将听课信息记录在彩色便笺上，通过便笺的不同颜色来区分不同的信息。

　　渐渐地，教师们不再对我"敬而远之"了，越来越多的教师主动拉着我参观班级环境，聊他们班级出现的问题以及自己的困惑。我也及时给教师们提供建议和帮助，给予她们支持和鼓励。

　　通过"神奇"的彩色便笺，我智慧地转变了园长角色，努力为教师们提供更多的服务，帮助他们解决教学过程中的困难，为他们提供更多的物质及精神支持，努力成为他们的支持者和服务者，成为受教师与幼儿爱戴的管理者。

中层干部管理故事

跟进式指导——带着幼儿玩出健康与精彩

刘爱军

近一段时间，我发现小三班每天只有十几位幼儿来园。我带着"幼儿来园人数为什么变少"这个疑问进班观察，发现在进行户外活动时，幼儿不是玩大型玩具，就是两人一组在打球，教师除了偶尔帮助幼儿解决游戏时发生的争抢或冲突问题，多数时候站在滑梯旁关切地提示幼儿："慢一点滑，别撞着前面的小朋友。"活动过程中，教师没有关注到打球游戏中始终没有接到球的幼儿，也没有关注到那些不想参加游戏只是站在一旁观看的幼儿，更没有意识到要在幼儿游戏后摸摸幼儿的额头、小手，看幼儿是否发热出汗。

中午，在向全班教师反馈时，我问道："你们觉得孩子喜欢户外游戏吗？他们玩得怎么样？"全班教师一致认为户外游戏是幼儿最喜爱的自主游戏活动，但是对于"玩得怎样"这个问题，教师们给出了不同的答案。有的教师说："孩子都在玩，挺开心的。"有的教师说："孩子虽然在玩游戏，但是活动量不够，多数小朋友还没有出汗。"还有的教师说："孩子们的游戏活动在内容和形式方面都有些单一，没有练习平衡、双脚跳、快跑等基本动作，这样既不能很好地促进孩子身体协调能力的发展，也达不到提高他们身体素质的目的。"

听了教师们的发言，我及时肯定了他们关注幼儿游戏效果、心中带着教育目标去组织幼儿活动的行为，并接着问："目前，我班幼儿来园人数少的原因是什么？"主班老师率先回答："孩子们都病了。有十几名幼儿感冒、咳嗽、流鼻涕，另有三名幼儿家长认为孩子体质弱，病刚好，怕再被传染，希望孩子在家再养两天。"我接着追问："那我们如何确保来园的幼儿身体健康、不感冒呢？"教师们思考后纷纷回答，有的说："加强对幼儿一日生活环节的护理，提醒幼儿多喝水、多吃蔬菜水果。"有的说："户外运动时，我们带着孩子一起运动，组织不同的体育游戏，让孩子们跑起来、跳起来，运动量大了，孩子抗病菌的免疫能力就提高了。"在研讨的基础上，我请小三班教师自主调整户外游戏的内容。

第二天，我再次走进小三班，观察他们的户外活动。首先，教师带着幼儿一起做模仿操；接着，将幼儿分成了不同的游戏小组，几位教师分别带领各组幼儿开展踢足球、跳圈、捉尾巴等游戏，幼儿在与教师的互动游戏中玩得不亦乐乎。游戏结束时，他们一边走一边兴奋地跟教师说："老师，明天咱们还玩这个游戏，好吗？"此时，我注意到所有幼儿额头上都冒汗了。

在中午反馈时，教师们比昨天更积极主动了，高老师率先说道："我觉得今天组织的户外活动是最成功的一次，不仅有足够大的活动量，还能让每个孩子都开心、主动地运动起来。"刘老师接着说："老师分组指导游戏，能关注到每个孩子的活动情况，同时能有效解决孩子争吵、争抢等问题。"倪老师说："三组老师有目的地设计游戏，促进孩子不同动作的发展，既丰富了游戏内容，又达到了提高幼儿身体素质的目的。"郑老师反思道："从今天的活动中，我感受到教师与幼儿一同参与游戏比在一旁站着提示幼儿更有效、更受幼儿欢迎，幼儿参与游戏的兴趣与兴奋情绪都被调动起来，回班后，他们一直说明天还要和老师一起玩。"我称赞道："今天老师们组织的户外活动很精彩，我们看到了孩子们在游戏中的积极反应。根据这个变化，大家觉得今后应做哪些调整？要如何转变原来的教育思想呢？请老师们把好的方法和新的教育认识梳理出来吧！"此后，小三班教师在合理安排户外活动形式，确定游戏目标，有目的、有计划地提供器材，加强教师户外活动的指导和参与等方面总结了方法，提高了教育意识。

　　从这次跟进式进班指导中我感悟到，教学干部不仅要自己发现问题，还应带着教师一起发现问题，引导教师分析问题背后的原因，这样教师才能找到解决问题的关键点，在对比实践中梳理总结教育策略，转变不当的教育认识与行为，有效地促进幼儿的全面发展。

变被动学习为主动学习

刘湘丽

周二固定的政治学习时间到了，教师们夹着本，三人一群、俩人一伙地聊着天，慢悠悠地来到学习室。我按事前预设好的计划逐项开展学习活动。刚开始大家还都认真听，但没过多久就发生了变化，教师们有的抬头听着，有的低头写教案，有的则迷迷糊糊快睡着了……看到这个情况，我转换了方式，向他们提问："杨老师，听完这位老师的事迹，你有什么感想？你身边还有哪些先进教师？他们是怎样做的？"听到我的提问，旁边的老师戳了杨老师一下，快睡着的杨老师一下惊醒了，站起来断断续续地回答我的问题。有了这个警示，其他教师也收敛了些，继续认真参与学习。但是没过多久，教师们又回到了原来的状态。我想教师们平时工作都很忙，工作压力又大，挺不容易的，在这件事上没必要较真，也就睁一只眼闭一只眼了。但这样的情况持续一段时间后，教师们越来越不重视政治学习了，完全没有达到预期的学习效果。

对此，我陷入了深深的思考：什么样的政治学习才是教师们喜欢、乐于参与的？如何改变大家对政治学习的态度？如何才能让政治学习更有实效，让更多的教师参与进来，真正有所收获？

经过与中层干部的多次研讨，我们一致认为应从管理干部自身出发，查找管理方面存在的问题并进行调整。首先，根据幼儿园的实际工作情况，我们重新确定了政治学习的时间，本着尽量少占用教师工作时间的原则，将政治学习调整为两周一次；第二，根据上级要求和园所特色优化政治学习计划，尽量满足每位教师的学习需要；第三，改变学习方法，创设良好的学习氛围，提高学习效能。

在政治学习的方式创新方面，我们改变了主讲人在台上讲授的单一学习形式，采用中层干部轮流讲、骨干教师重点讲、小组交流、案例分享等多种形式，提高每位教师主动参与、互相学习的意识。学习形式的创新让更多的教师参与进来，成为学习的主人，大大提高了教师们学习的主动性。

与此同时，我们还通过填写出勤情况登记表等严格考勤的方式考察了教师政治学习的出勤情况，进一步完善政治学习制度，强调政治学习的规范性、权威性和严肃性。为进一步检测集体学习的质量，保证每位教师都有所收获，每次学习后我们不仅要求参会的教师写出个人体会和感受，还要求参会的教师对主讲人进行评价，在提高主讲人参与度的同时，做到让每位教师在政治学习中都有所收获。

经过一段时间切实有效地整改，我园的政治学习效果得到了提升。现在，还没到政治学习的时间，主讲教师就早早地做好各项准备，主动将自己的学习提纲拿给主管领导审阅。学习的时候，教师们变得主动了，私下里写教案、睡觉的现象不复存在，主动参与发言的人数明显增多，显现出良好的政治学习氛围。

打破沉默的僵局

穆东燕

教研活动结束后，教师们陆续走出会议室，而我怎么也放松不下来，不停回忆着刚才与年轻教师一起教研时的情景。在一个多小时的研讨中，他们的表现和我印象中朝气蓬勃的形象反差明显。我每抛出一个问题后，他们的反应都是垂下眼帘、默不作声，而打破这个僵局的往往只有我自己或一两名经常发言的教师。

怎么会出现这样的局面呢？我静下心来，回忆自己作为一名年轻教师时参加教研活动的心情：特别紧张，因为不知道会不会被提问、不知道主持人会提什么问题、不知道自己回答的是不是正确……这些不确定的因素导致我紧张到不敢直视教研组织者。这样的记忆帮助我理解了教师们的不容易，也使我坚定了提高教研效能的决心。在对教研内容和教师需求进一步细致分析的基础上，我认识到了存在的问题：第一，之前设计的教研内容虽然是教师需要的，但在教研之前，没有让参与教研活动的教师做到心中有数、有备而来；第二，教研活动的组织方式过于正规，缺乏自由的空间；第三，新入职教师虽然敢说敢做，但在集体性研究时会产生胆怯心理，缺乏自信心；第四，组织者急于寻求答案，组织形式不够灵活。

为了打破教研活动中集体沉默的僵局，让每位教师都能积极参与到研讨中来，我进行了换位思考，站在普通教师、年轻教师的角度来审视自己的教研活动，在思想上和条件上为下一次教研做好准备。

一、看课之前

通过不同方式提前向作课教师了解课程内容，请作课教师提前将活动的教案发到其他教师的手中，让大家对课程的目标、内容以及大致过程做到心中有数；针对教研内容，设计看课记录表；针对教师的指导语和幼儿的表现设计表格，便于教师根据教研重点记录教师与幼儿的表现。

二、看课之中

鼓励教师认真倾听、详细记录；引导教师在做记录时将发现的问题、不明白的地方做上记号；在活动中及时记录感悟、感受；做好活动过程中的摄像工作，便于教师回看学习。

三、看课之后

根据课例和教研内容寻找可深入挖掘的教研点；创设宽松氛围，寻找合适的时机，询问在活动中不善发言的教师的感受与收获。

教研活动又开始了，年轻的教师们和以前一样，摊开笔记本，准备记录。此时，我改变以前的方式，将幼儿活动时的作品展示给大家，请大家欣赏并选出最有创意的作品。教师们参与的积极性很高，纷纷做出选择。我借助教师们的兴奋情绪，通过提问逐渐引出教研内容："为什么要选这幅？""觉得画中哪部分最好？""孩子的作品及表现为什么这样令我们喜欢？""这和老师组织的活动以及制定的活动目标有什么关系？"教师们边观察孩子的作品，边回顾组织活动的过程，寻找出组织时的诸多优点。我及时引导教师归纳，又将问题指向本次教研活动的重点——指导语的有效性："您认为教师的哪些指导语提出得适时、适度，能够引领幼儿学习？"教师们根据记录表格中指导语和幼儿活动反应的相关记录，很快提炼出活动过程中不同阶段的有效指导语，以及提出指导语后幼儿的反应情况。为了进一步帮助教师分析指导语的适宜性，我进一步追问："我看有的老师在记录表上做了重点记号，是有什么想法吗？"做记号的教师回答："我觉得这句话教师提出来后幼儿不明白，所以做上了重点记号，但是我还没想好这句指导语应该怎样说。"我及时抓住该教师的困惑，播放录制好的活动视频，再现活动过程，鼓励其他教师提出自己的想法，帮助该教师完善和修改指导语，同时将教师们提出的指导语呈现在大屏幕上，让教师们共同筛选出最适宜、最有效的指导语。本次活动教师们积极参与、思维活跃、发言踊跃，取得了良好的效果。

教研活动结束后，教师们意犹未尽，继续讨论着刚才的话题，我的心情也逐渐放松下来。看着教师们和上次完全不同的表现，我感到非常欣慰。宽松、平等、合作、欣赏、分享的教研代替了"一言堂"、灌输式的学习，调动了教师参与的积极性，消除了教师紧张和依赖的心理。

通过这次教研活动的成功尝试，我认识到：只要以充分沟通交流为前提，做好教研活动的前期准备，了解教师心中所想、心中所需，及时捕捉活动中教师的闪光点，在与教师双向对话的过程中，不断修正自己的思想和行为，就一定能让教师将各种建议内化为自己的认识，为年轻教师的成长奠定坚实基础。

接地气的指导

于庆军

实施科学的教育教学管理是提高教师工作效能的有效措施，是幼儿全面发展目标得以实现的前提。在教师教育教学能力提升的过程中，教师特别需要接地气的指导。什么是接地气的指导，怎样接地气，怎样才能将教师的专业成长内动力提升与拓展教师专业成长的外部条件相结合，让改进工作成为教师日常工作的一部分。

通过实践，我们认为一是应准确地分析。找到解决问题的主线，依据主线解决问题，才是有效指导的开始。具体工作中往往存在这样的现象：工作标准已经有了，但教师却做不到位。这表面上是执行力的问题，但实际上是教师在不同程度上缺乏信息、共识、动力和解决问题的能力造成的。接地气的指导需要教学干部细致地分析问题，进而找到解决问题的主线，这是解决问题的前提和基础。二是要有针对性地引领。幼儿园的工作较为琐碎、繁杂，教师往往来不及反思前一项工作，下一项工作就已经开始了。忙中出错，以及因犯错带来的挫败感会严重影响教师的工作热情，能力与愿望之间的差距也会影响教师突破工作难点的信心。作为管理干部，应充分理解教师成长的难点，通过示范的方式指出教师问题的关键点及解决方式，给予教师破解难题的信心与思路。

北京市东城区举办第五届"童心杯"大赛——区域游戏评选活动。活动的重点是将先进的教育理念转化为教育实践。主办方出台了新的标准，鼓励各幼儿园教师结合幼儿实际创新思考，通过创设有效环境、提供材料、适宜指导与评价等措施，开展有利于增强幼儿自发性和自主性，有创意、有想法的游戏。围绕大赛工作，我园中层管理干部从三个方面对教师实施符合他们发展需要的、接地气的指导。

一、根据近期活动，分析我园幼儿实际水平

近期，中一班幼儿喜欢进行主题为"小区"的搭建游戏，幼儿们能用积木两两或一圈圈错落地搭出不同造型的房子，搭建单向公路。但是，每次游戏结束时，积木都没有搭完，而且搭建出的楼房造型总是固定的三种，没有创新。教师觉得幼儿搭建速度及游戏水平亟待提高，但本着"尊重幼儿的选择与能力"的想法，没有直接指导，而是采用丰富辅助材料、添加图片的做法。环境丰富了,但却没有什么效果。于是，中层管理干部帮助教师对我园幼儿的实际水平进行了分析。

二、将我园幼儿水平与其他园幼儿水平进行对比，改进活动方案

中层管理干部引导教师观看其他园的建筑区游戏录像，教师们发现其他园的中班幼儿不仅能较快地合作搭建出有特点的建筑群，而且能创造出许多玩法。教师们重新学习了中班幼儿的特点及能力水平，增强了提高幼儿游戏水平的信心。

教师们从幼儿的现有经验和兴趣出发，精心挑选前几届幼儿搭建的富有创造性的楼房图片供本届幼儿参考，再和孩子们一起确定新的搭建方案，共同完成搭建。新建筑的造型发生了较大的变化，但依然存在搭不完的问题。再次观看录像时，教师们发现，幼儿存在不主动的问题，多数幼儿只是听从指令取放积木，其中两名外籍的小朋友则主要是在一旁看。通过分析，教师认识到：此活动是教师带领的活动，没有放手让幼儿自由搭建。

同时，教师们也发现，幼儿的发展水平是不同的，其他园中班幼儿的搭建水平稍高，我们园中班幼儿的搭建水平稍微低一点。改进方案后没有取得预期的效果，教师们有些灰心。

三、进一步调整活动方案，激发幼儿发展潜能

应如何帮助教师进一步调整活动方案呢？首先，我和班级教师一起分析幼儿的兴趣点，从主题"我爱家乡"中找到了幼儿感兴趣的搭建内容——大本钟、斗兽场、白宫、长城；然后，我和教师们一起分析幼儿的现有经验是否能够支持他们在搭建中获得成就感。同时我们也发现，这个年龄段的幼儿对于喜欢的建筑认识并不清晰。于是，教师通过让幼儿观察同一建筑不同角度的图片、同一建筑不同表现方式的图片，引导幼儿养成搭建前先思考的习惯。思考的内容包括：搭建的建筑是什么？建筑的造型、楼层、门窗的主要特点是什么？建筑要搭建在哪里？搭建需要用多大的地方？搭建的顺序是什么？应选择什么样的积木？每种需要多少？教师引导幼儿思考清楚后，在搭建游戏中充当幼儿的助手，帮助他们记录搭建的顺序、种类、积木数量，支持幼儿根据搭建的需要，丰富积木的种类与数量。随着搭建活动的开展、搭建经验的丰富，孩子们搭建的速度明显提升了。第四天进行游戏活动时，外籍幼儿充满自信，兴奋地和中国幼儿一起搭建。每组幼儿都搭了自己满意的建筑——大本钟、斗兽场、白宫，还搭建了相互联系的道路以及道路旁的公园。

中层管理干部帮助教师树立信心，引导教师探索新方法、新策略十分重要。这些新方法包括：

一、捕捉幼儿兴趣点，引发新的探究

当发现有的幼儿对搭建世界公园很感兴趣时，鼓励幼儿周末和爸爸、妈妈一起游览世界公园，寻找自己最喜欢的地方，将其记录下来并和同伴交流。通过讨论，生成搭建世界公园大门、售票厅的内容。幼儿在教师的带领下不断探索，尝试将建筑搭得宽阔、结实、有特点。当发现幼儿用搭建长城的方法搭建出道路时，教师鼓励幼儿根据喜欢的建筑的典型特征，创造性地组建新物体。

二、区域联合游戏材料，丰富搭建主题

随着主题活动的开展，幼儿产生了用各国典型花卉、植物来美化建筑周边环境的想法。于是，教师鼓励幼儿一起讨论"搭建的材料从哪里来？"幼儿想出了不同的方法：到美工区制作；和爸爸、妈妈一起制作；设计建筑区材料需求单，请对制作感兴趣的小朋友帮助制作……随着材料的丰富，"各类景区"不断美化。

三、共享经验，拓展思路

教师静下心来观察幼儿，不断捕捉精彩瞬间。通过回放与提问等启发性策略，支持幼儿自我评价，支持幼儿将自己的经验分享给同伴，鼓励幼儿向同伴请教自己遇到的问题。由此，较好地促进环境、材料、教师、幼儿间积极互动。

通过一个学期的努力，中一班区域游戏在北京市"指南开放"视导活动中得到专家的好评。在北京市东城区"童心杯"比赛中，一名教师荣获一等奖，一名教师荣获二等奖。

此案例帮助我们进一步认识到，"接地气的指导"就是要与教师在一起，准确地发现困惑与问题，踏踏实实、遵循规律地进行指导。只有这样，才能有效完善教育活动，真正促进教师进步，切实帮助幼儿成长。

引领骨干教师带研

穆东燕

没有高水平的教师队伍，就没有高质量的教育。骨干教师是一个特殊的群体，在幼儿园中起着中流砥柱的作用。骨干教师不仅具有丰富的教育教学经验，能有效地开展好各项教育教学活动，还能运用自身的优势去指导青年教师。

骨干教师带研是培养新教师的方法之一。在带研过程中，青年教师一改以往的沉闷和被动，开始主动发言，积极地发表自己的意见。但青年教师发言有时也会把话题扩展得过多过远，偏离教研主题。

一次，我园结合美术活动《快乐的小鱼》开展教研活动，研讨如何通过创设的情境激发幼儿的参与兴趣。教师们根据自己对活动过程的理解，归纳出在活动中要创设的不同情境。骨干教师麻老师按我们事先备好的问题，提问在座的青年教师："教师创设的这些情境是否适宜？应通过什么来判定情境是否适宜？"教师们结合活动中幼儿的表现纷纷表达自己的想法。这时一位刚入职不久的教师似乎非常想表达自己的想法，但是欲言又止。我示意麻老师关注这位新入职的教师，麻老师立刻领会了我的意思，信任地向她点头，示意她大胆说出想法。"我觉得老师为孩子创设音乐情境这一点很好，这是我在自己的活动中没有想到的。我们选择音乐时，要考虑到孩子的接受水平，孩子是否听过，孩子是否一听就会唱……还有，我选音乐时，一般都从网站上选，有几个网站的音乐特别好听……"这位教师一改以往沉静的性格，滔滔不绝地谈论起音乐来。其他年轻教师听得津津有味，还不时地附和着。刚开始我也在细细地倾听，惊叹这位教师在音乐方面确实有自己独到的见解，但是在听教师表达的过程中，我感到她把话题越拉越远，完全偏离了今天教研的主题。可是，教师们你一言我一语，现场讨论得还很热烈。

我观察着麻老师的表现。麻老师的带研经验少，每次教研活动都是按照我们备好的教研计划进行，这样的问题很少出现，她看起来有点无奈。于是，我决定"救场"。现场参与讨论的教师普遍认为：音乐对提高孩子的艺术感受有着很好的作用。如何帮麻老师抓住年轻教师感兴趣的话题，巧妙地将话题讨论运用于本次教研活动的主题上呢？

当听到教师们讨论音乐的柔美、动听等不同性质时，我接过话题："音乐的性质有所不同，在孩子美术活动中的哪一个环节出现舒缓、优美的音乐更为恰当，为什么？""音乐情境的出现对幼儿美术活动有什么作用？""什么样的美术活动，适宜出现音乐情境？"我的问题既没有脱离教师们感兴趣的话题，又逐渐接近教研内容，给麻老师进一步讨论提供了一个台阶。

于是，教师们对这一话题进行了热烈讨论。我发现，顺着教师们的话题而生成的讨论内容，教师们讨论得特别积极、特别充分，产生了意想不到的效果。

教研后，我和麻老师针对这次教研组织的困惑和收获开展了一次微教研。麻老师说："我想尝试着用问题将话题引向我的教研目标，但是又怕问题提出得过于突然，影响老师们谈论的热情。最好的办法是和这次您做的一样，寻找机会，快速分析老师们感兴趣的话题与本次教研之间的关联点，巧妙地将话题引到教研重点中来。"

在教研活动的讨论过程中，经常会出现"跑题"的现象，我们应注意倾听教师们感兴趣的内容，不急于扳回话题，给教师们留一些讨论和思考的空间，在倾听、观察中，对讨论内容进行辨析与调整，做到在保留教师讨论热情的同时，不伤害积极发言的教师。有时我们越想拉回话题，教师们越沉闷，教研气氛越低迷。相反，如果我们顺应教师的话题,讨论的内容会越发深入,教师参与讨论的积极性也会越高。教研组长要把握讨论的方向,巧妙地将偏离的话题逐渐引回到预设的内容中。在这一过程中,我们会发现教师们的闪光点,教师们的潜能得以充分发挥,每位教师都能在活动中找到自己的位置,教研组活动真正发挥了作用。

离园前的烦恼

陈玉丽

随着天气越来越冷，幼儿穿的外套也由薄变厚。一天，幼儿吃晚饭时，我推开小班教室的门，看到配班李老师将帅帅搂在怀里哄他吃饭，两位带班教师坐在小椅子上，手中拿着幼儿的棉衣，依次给排队等候的幼儿掖裤子、穿大衣、检查嘴擦得是否干净，边穿边带着幼儿说儿歌。排队等候的幼儿无事可做，有相互搂抱的，有离开队伍跑出跑进的，有闲聊的。教师一会儿起身将幼儿拉到座位上，一会儿组织纪律，显得很忙乱，幼儿却很兴奋。墙上的时钟滴滴答答，走得很快，一转眼20分钟过去了，已经到了17点，还有个别幼儿的衣服没有整理好。心急的家长甚至小跑着挤到教室门口，喊着宝宝的名字，盼着自己的宝宝能赶快走出教室。

幼儿离园后，两位带班教师疲惫地坐在椅子上边喝水边对我说："陈老师，晚上离园时太忙了，真的是忙不过来。"看着两位青年教师的状态，我既心疼又焦急。

如何改变教师的现状呢？首先，从管理者的角度分析，青年教师在带班中会存在什么样的问题，哪些是共性问题，哪些是个性问题，若对这些问题把握得不准确，对青年教师培训的针对性就不强，就会使得个别班级的青年教师在组织离园环节时显得力不从心；其次，从教师角度分析，现在的带班教师大多是青年教师，有的刚刚从带大班转到带小班，对小班幼儿的年龄特点认识不足，组织活动的经验不多；再次，从幼儿的角度分析，幼儿来园不到四个月，生活自理能力还有待提高。

以上种种原因导致幼儿离园环节出现问题。当青年教师说出自己的感受时，我耐心地劝导他们说："你俩先别太着急，可以静下心细细思考怎样解放自己的双手，让穿大衣的环节变成幼儿喜欢的一种游戏，让幼儿在玩的过程中逐渐掌握穿衣本领。"

在第二天的教研活动中，我用案例的形式讲述了这个现象。有的年轻教师深有感触地说："我们班也是这样，一到要离园时，有多少老师帮忙都不够用，要一个一个地给幼儿穿衣服，还要检查裤子是否掖好，鞋子是否穿正，裤子是否干净，如果有一两个需要换裤子的，那就更忙了。""我们班先让幼儿穿戴整齐后，配班老师再去厨房送餐具。"虽然在相互交流中已经有教师说出了自己班的调整方法，但更多的还是从怎样帮助幼儿做事的角度，而不是从培养幼儿能力的角度思考。

我想，有必要带领大家进一步学习《3～6岁儿童学习与发展指南》（以下简称"《指南》"），让青年教师理解幼儿的学习方式和特点，通过经验分享的方法拓展青年教师的思路。于是我对大家说："《指南》中提到，'幼儿的学习是以直接经验为基础，在游戏和日常生活中进行的。要珍视游戏和生活的独特价值，创设丰富的教育环境，合理安排一日生活，最大限度地支持和满足幼儿通过直接感知、实际操作和亲身体验获取经验的需要……'你们对这段话怎样理解，又怎样调整离园前的活动呢？"有的教师说："小班幼儿的能力也有强弱之分，能力强的幼儿可以放手让他自己穿，有困难再帮忙。"有的说："不会穿的幼儿如果吃饭快，也可以单独指导他们，慢慢地就能学会了。"还有的说："无论幼儿会与不会、能力强与弱，教师都要创设让幼儿动手学习穿衣服的环境，这是幼儿能力发展的需要，只有给幼儿动手尝试的机会，才能让幼儿获得穿大衣的经验。"有的青年教师则提出不同意见："幼儿穿得不对还得教师帮忙，这样更费事，不如我帮他穿好得了。"

讨论到这里，我适时抛出了几个问题："《指南》里说到幼儿的学习特点是什么样的？幼儿自理能力该怎样培养？是教师集体教还是日常培养？如果是日常培养，可以通过哪些途径进行？怎样从教师帮助得多变为帮助得少？"李老师反思后说："如果怕幼儿做不好就不给幼儿锻炼的机会，幼儿自理能力就得不到提升，教师会一直这样忙下去。"王老师接着说："虽然小班幼儿年龄还小，小肌肉动作发展不完善，但是要做到也不是没有可能，要相信幼儿一定行。""家园配合共同放手让幼儿做也是很好的方法。"骨干教师张老师补充道。

理越辩越清、越辩越明，在相互学习借鉴的过程中，教师组织幼儿半日活动的能力逐渐增强，小班教师组织晚餐后活动的方法更加多样，离园环节不再成为青年教师头疼的环节，幼儿动手穿衣的能力也越来越强。

倾听教师的智慧

李朝晖

穿分餐服、戴分餐巾是幼儿园进餐环节对保育员的工作要求。保健医在日常巡视时总是发现很多教师不爱佩戴三角分餐巾,虽然保健医再三向保育员强调佩戴分餐巾的重要性,但效果依然不好。看上去美观大方的分餐巾为什么不被教师们接受呢?

通过询问,我们了解到:三角巾很滑,对角线短,系一个扣儿容易滑落,两个扣儿又系不上,每次佩戴都要将其包裹在头上,很不方便。大家开玩笑说:"就像忍者神龟!"

如何从根本上解决问题呢?我们请教师们自己想办法。张老师说:"可以在三角巾对角处缝个子母扣,既方便又不影响美观。"李老师说:"那样的话,班里每个人头围大小不同,带起来有的松、有的紧,还是会掉。""哎,把子母扣换成撕拉扣不就方便调节了。""那样的话粘到头发多疼呀!"……大家七嘴八舌地讨论解决方案,最后,麻老师想出一个好办法:配个发卡,把三角巾粘在上面,既不影响美观,又方便佩戴。

经过试验,大家都认为这个方法确实好,不管头围是大是小、头发是长是短,佩戴三角巾都像戴"发卡"一样简单,而且不易脱落,前后可调。一个小小的创意解决了日常工作中的大问题。

果然是实践出真知,面对教师就像面对孩子一样,不能简单粗暴地处理问题,应学会换位思考,避免让教师带着情绪执行任务,应付了事。只有学会理解、倾听、尊重,才能得到智慧的启迪。

有这样一个故事。一位母亲问她 5 岁的儿子:"如果妈妈和你一起出去玩，我们渴了，又没带水，而你的小书包里恰巧有两个苹果，你会怎么做呢？"儿子歪着脑袋想了一会儿说："我会把两个苹果都咬一口。"可想而知，那位母亲有多么失望。她本想像别的父母一样，用诸如孔融让梨的故事启发孩子一番，然后再教孩子该怎样做。可就在话即将说出口的那一刻，她忽然停顿了一下，摸摸儿子的小脸，充满耐心地问："能告诉妈妈，你为什么要这么做吗？"儿子眨眨眼睛，一脸的童真："因为我想把最甜的一个给妈妈……"瞬间，母亲的眼里闪动着泪花。

这位母亲做得很好。正因为给了孩子把话说完的机会，她才感受到了做母亲的幸福；正因为倾听了孩子的话语，她才感受到孩子内心的纯真和善良。

倾听是一种尊重与宽容，是一种关爱与赞赏，也是一种对话与沟通。一位母亲尚且如此，为师者难道不更应该如此吗？

倾听需要真诚和智慧。教师需要主动改变教育观念，平等地对待每一位幼儿，尊重每一位幼儿的学习权，学会聆听、理解每一位幼儿的想法，学会接纳、赞赏每一位幼儿的观点。管理干部也应该学会倾听教师的意见和想法。遇到问题时，首先要分析出现问题的原因，而不是一味地指责或单纯地提出改进要求。倾听教师的意见，引导他们主动寻找解决问题的方法才是一个好的管理者应有的态度。

日常工作中蕴藏的研究点

梅建宁

随着园所规模的不断扩大，很多新入职教师走上了工作岗位，他们渴望在工作中展现自己的能力、做出自己的成绩，因而对园里的每一次考核活动都非常重视。记得在一次整理睡眠室的考核中，王老师按要求认真地整理孩子的被褥，开窗、扫地、擦地，忙得不亦乐乎，最后他自信满满地说："我做完啦！"我微笑着说："王老师，请给自己今天的工作做个评价吧。"

王老师抓抓头，显得有点儿不好意思："我觉得我能按考核的要求完成每一项整理和打扫任务，而且是在规定时间内完成的，总的来说我还是比较满意的。"

我点点头，又问："除了按要求打扫卫生外，你发现其他问题了吗？"王老师被我问住了，显得有些茫然。

我启发道："在你整理的过程中，有没有察觉到幼儿的一些情况？"

这时，王老师恍然大悟地说："噢，我想起来了！刚才我在扫地时发现小宝的床下有被撕得很碎并揉成小球的卫生纸；小乔的被子在被罩里都卷在一起了，我弄了半天才弄好；还有，我擦地时发现积木柜里的积木掉出了好几块儿，我给捡回去了。"

我高兴地说："不错！小伙子，你能够发现这么多细节。那么，这些细节又说明了什么？和孩子有什么关系呢？"

王老师想了想说："小宝一定是中午把卫生纸带到床上了，他不爱睡觉，肯定是把卫生纸当玩具了。小乔可能也不爱睡觉，老是乱动乱踹吧。玩具柜里的积木摆得很乱，孩子们一定是玩完后没有收好。"

于是，我请王老师利用三天的时间来观察孩子，看看情况是不是和他猜想的一样，并思考这三个问题的解决方法。

三天后，王老师找到我，兴奋地说："梅老师，我发现小宝中午特别不喜欢睡觉，躺在床上很无聊，所以就会借中午上厕所的时候，带一些卫生纸上床，团成小球玩儿。而且小宝每天都来得比较晚，中午一点儿也不困。"

我问："那你是怎么解决这个问题的呢？"

王老师说："第一件事儿，针对小宝的问题。我使用了三个方法：第一个方法是我和班里的老师研讨后，和小宝的妈妈做了沟通，提醒家长让小宝早睡早起，早些来幼儿园；第二个方法是户外活动时我注意关注小宝，保证他的运动量；第三个方法是和小宝说了老师的担心，向他提出不能带东西上床的要求，还使用了奖励的办法。通过这两天的尝试，我发现效果还真是挺明显的。第二件事儿，关于小乔的被子。我认真观察了，发现小乔午睡时很踏实，被子不是他弄乱的，是新被子和被罩不配套造成的，所以我们就用针线把被子和被罩固定了一下，这样孩子盖的被子就不会乱跑啦。第三件事儿，关于积木掉落的问题。我们发现目前班上的积木摆放有问题，一些细碎的小块积木不好收，很容易被碰掉。所以，我们找了两个收纳盒，将这些积木收起来，现在积木柜整齐多了。"

看到王老师认真思考了，我感到十分高兴，于是又进一步追问他："你们解决了这三个问题，有什么感受？"

王老师说："有许多小事情都是在我们的日常工作中悄悄发生的，如果老师在工作中不去留意和思考，就不会发现问题，更不能做到将教育贯穿于孩子的一日活动之中。"

基于此次有益的尝试，我们同保健医一起将考核标准进行了调整，即在技能考核之外，添加了教育能力的考核项目，以期准确全面地衡量教师的工作。

　　作为教学干部，我想我们应该在每天的看班过程中，抓住每一次与教师交流的机会，多发现有价值的研究点，使教师在工作中逐渐养成思考和研究的习惯，在促进活动设计实施效能的同时促进教师多方面成长。

午睡后的忙碌

陈玉丽

在申办"健康促进园"的过程中，根据北京市东城区的工作部署，结合全园整体安排及幼儿活动需要，我们将迎接区领导小组进班观摩活动时间确定为 14:30~15:30。为此，我园将大班幼儿起床时间改为 14:00，比往常提前了一刻钟，以保证幼儿活动按时开展。

某大班主班老师提出："我们班幼儿有睡上下铺和小床的，老师整理床铺、被褥比较麻烦，也很费时间，三位老师忙不过来，能否再调配一位老师过来帮忙？"听了这位教师的建议，我想：起床后教师的事情确实比较多，但是 30 分钟的时间，如果协调组织好，应该没有太大问题。为了避免给教师带来负面情绪，我并没有直接否定教师的要求或提出工作建议，而是对教师说："一会儿幼儿起床时我去班里，咱们一起想想办法。下次你们开班会时，也请大家一同出主意，看是否有解决方法。另外，问问另一个大班的做法，相互沟通，借鉴下经验。"

经过思考，我确定了具体的工作策略：第一，深入班级观察教师的工作组织程序，找出问题产生的原因；第二，与三位教师沟通，找问题、寻方法；第三，了解处于同样条件的另一个大班并未出现此类问题的原因；第四，如果问题确实存在，就协商确定调整方针并给予相关支持。

幼儿起床前我来到班里，教师们首先提出了他们的想法："今天先让幼儿再早起 5 分钟试试。""所有幼儿都早起五分钟还是不能解决教师顾不过来的问题呀？"我说。他们想了想又说："先让睡活动床的几个小朋友起床，在座位上看书、玩一会儿。老师摆好床后，到 2 点再让睡上下铺的幼儿起床。""好，咱们可以尝试一下。"我鼓励道。

　　睡活动床的幼儿起床后，两位教师迅速将地上的小床一张张摆好后搬到了盥洗室，紧接着整理上下床，但由于上、下铺幼儿同时起床，小朋友大多数都在忙着穿衣服，教师虽然着急，可依然无法整理下铺。"三位老师如何分工合作呢？"园长曾经说过的"授之以鱼不如授之以渔"的话启发了我，我通过提问的方式引导教师们继续思考："上下床的幼儿是否也可以错开时间起床呢？""这个主意可以试一试，不错。"保育员的表情一下子变得轻松了许多。

　　第二天 13:55，下铺和睡小床的幼儿先起床了，两位教师依旧先迅速摆好小床，然后由一位教师叫醒上铺熟睡的幼儿，另一位教师引导下铺幼儿叠被子，并将叠好的被子递给在上铺的教师，主班教师关注全体幼儿，一边给女孩梳头一边组织幼儿洗手，15 分钟内所有事情都按部就班地完成了。到 14:15，幼儿开始吃水果；14:30 时，幼儿准时到户外进行循环区体育活动。三位教师露出了笑容，再也不为幼儿起床后的忙碌发愁了。

　　幼儿园办园质量的提高需要管理者与教师共同努力。当教师在工作中遇到问题时，关心教师的实际情况、调动教师的积极性是管理活动的重要出发点。管理者从教师们的实际情况入手找原因，引导教师通过边摸索边调整的方法解决突发问题。这不仅提升了管理者依据教师工作中的实际困难调整管理策略的能力，也在很大程度上促进了教师的专业成长。

工作细节决定工作品质

刘湘丽

为了迎接健康促进评比活动，幼儿园各部门需协调配合，提前做好各项准备，各个区角环境将进行统一规划，替换不合适的地方。

在四部门联合检查的过程中，园长发现幼儿园外面的橱窗破损，橱窗里的贴画内容也不适宜，建议更换。经大家讨论，决定添加一张三园整体的大合影，以彰显幼儿园教职工团队团结和谐的风范。但是，在工作落实的时候却遇到问题：资料员打开电脑，一个一个文件夹点击，却始终没找到原版照片。她找到办公室主任，说："我这儿没有三园的合影照片！""怎么可能？书吧上不是还贴着吗？那张照片从哪里来的？""我手里没有，以前都是总园传过来，咱打印出来的，我没有保存。"没有原版的照片，就需要新中街本园查找调出这张照片再发给我们，这件事情就暂时搁置了。

针对这个小事件，我园班子成员一起进行了研究和商讨，大家普遍认为：随着幼儿园的快速发展及教职工队伍的日益壮大，如何在三所园融合管理的过程中进一步实现规范化、科学化是我们需要思考的问题。而其中，梳理、完善幼儿园各岗的制度，真正发挥制度的实效性尤为重要。针对此项事件，大家就三园协调过程中的资料管理明确了以下三项措施。

一、关注细节是资料管理工作的基础

老子曾说："天下难事，必作于易；天下大事，必作于细。"学会做好每一件小事，想好每一个细节，注重细节的连贯性是做好事情的关键。在资料管理工作中关注细节尤为重要，要在繁杂的事务中做到井井有条、忙而不乱。

二、合理细化是资料管理工作的保障

将一个工作细分成若干个小项目并有计划地逐一完成，这样的方法不但会使工作思路更清晰，也会在一定程度上减轻工作的难度，为最终完成工作提供有力的保障。

三、服务细致是资料管理工作的宗旨

在实践工作中要努力营造教师服务家长、后勤服务前勤、干部服务教职工的氛围。为此，我们要求资料员做到：三园统一一致的资料，各园资料员都要保存；三园各自的个性化资料，各自保留；资料整理要严格按照项目分门别类保存，方便查找。

一封表扬信

王 倩

每天早晨做好晨间接待工作是办公室主任的工作内容之一。教师接待过程中要随时关注幼儿的情绪、了解家长的需求、解决家长的疑问。看似简单的来园接待工作蕴含着大学问。

本学期开学的第一天，中班一名幼儿的妈妈把一封信交到我的手上："王主任，这是我写给园里的信，上个学期就该交给园里，这上面都是我的心里话。"我双手接过信，诚恳地和家长说："您放心，我们一定会认真阅读。"

在与园长沟通后，我们组织教学部门的工作人员共同阅读家长来信，确定了从不同角度鼓励班级教师，增强班级教师自信的工作策略：第一，公示表扬信，增强全体教师提升家园工作质量的意识。第二，组织本班教师阅读表扬信，以此为基础，共同梳理工作中取得较好效果的方法策略，在业务学习时与全园教师分享。第三，协同业务干部共同策划"家园工作专题研讨会"，全体教师以案例分享的形式共同总结幼儿园家园共育工作的基本常规，分析现存的优势与不足。第四，将工作中教师们存在的普遍性问题按月拉出条目，逐条优化并定期检验成果，建立常态化家长工作模式。

作为办公室主任，在收到家长来信后，我应该做哪些事情来推动全园家长工作的开展呢？办公室主任的职责，概括地说是：上传下达，统筹协调。收到家长的表扬信本来是一件很普通的事情，但如果仅仅是向园长汇报、公示鼓励教师、存档保存，那这封信的意义和价值就被大大降低了。纵观这一事件实施的全过程，我梳理出工作的基本思路。

首先，认真阅读内容，找到家长所表达的主要意思和核心观点。带着自己的思考向园长汇报，使园长清楚地了解教师的优势、班级工作的亮点。其次，思考几个问题：如何让表扬信发挥最大价值；信件背后有什么隐含的意义；如何通过一个班的表扬信促进全园教师家园共育工作的提高。再次，与领导达成一致意见，制订方案，下达至相关部门并落实，做好监管工作，确保实施效果。最后，与教学部门共同开展"家园同步"系列活动，构建家园一体化教育模式：常态化"请进来"亲子教育，通过家长志愿者、全职妈妈活动日等，邀请家长进入幼儿园参与教育活动，用体验式的方式了解孩子的一日生活，感受教师理智的爱、教育的爱；指导家长在"家中做"亲子教育中，按照幼儿园的一日作息引导幼儿生活，定点进餐、定点休息、定点游戏，逐步规律幼儿的一日生活，注重培养幼儿基本的自理能力、交往能力、学习能力，形成园规与家规一致性教育；"同欢乐"亲子互动体验，使幼儿感受参与集体活动的乐趣，树立幼儿"我能行"的自信，使家长体会幼儿参与集体活动的特殊教育意义。

在赞赏与激励中成长

于庆军

赞赏与激励是促使教师提升教育教学能力最有效的方法之一；园本教研是促进教师专业成长的重要途径，是教师获得成功、增强职业幸福感的基石。教学管理者应在园本教研中，敏锐地发现与赞赏教师已经做到但没有察觉到的好做法，引导教师发现好做法背后的新理念，激励教师保持好做法、新理念并不断深化，最大限度地发挥教师自身的积极性、主动性和聪明才智，引领他们突破自我、不断成长。

一、赞赏好做法

赞赏教师的优点和成绩能满足教师希望得到他人认可的心理，使教师产生荣誉感和自豪感，燃起积极主动把事情做好的工作热情。因此，在园本教研中，研讨的第一环节通常是"亮点大搜索"。

案例：

本学期园本教研主题为"以绘本为载体提高幼儿审美创造力"，研讨内容为大班脱稿剪纸活动"白羊村的美容院"，研讨专题为：幼儿作品是否具有个性化？如何借助绘本《白羊村的美容院》提高幼儿的审美创造力？活动策略有哪些？

在研讨中，教师观察到幼儿作品在表情、发型、姿态、装饰、柔软度等五个方面的表现手法运用上有所不同，总结出授课教师在提高幼儿审美表现力时运用的两种有效策略，进而分析总结出此堂示范课的个性化亮点。

1. 物象分析法

借助绘本形象，运用多媒体，引导幼儿发现白羊美容后的毛发在色彩、造型、方向等方面具有的不同特点。

2.情境创设法

将绘本《白羊村的美容院》选美大赛的情节延展为模特大赛，引导幼儿在"时装秀"游戏中创造不同造型。

二、挖掘好做法背后的新理念

教学理念向教学行为转化需要一个过程。有时，教师有新做法、好做法，却没有意识到做法中蕴含的理念。引导教师发现做法背后的理念，能有效帮助教师将理念与实践结合，外化出更多有效策略。

案例：

主持人说："一周前，梁老师班级的一个幼儿看到梁老师的新发型，惊奇地说，'您的头发真漂亮，是爆炸头吧。'马上有其他幼儿提出不同的意见，'是烟花头''螺旋烫'，幼儿越说越高兴，'是酒红色锡纸烫''是时尚的银丝烫'……从幼儿的谈话中，大家能想到什么？"

教师A："幼儿好奇心很强，善于发现，能从发型的造型美、色彩美等方面表达感受。"

教师B："幼儿能在生活中应用已有的经验，生活是获得经验的有效途径。"

教师C："生活中蕴含更多的教育资源，幼儿在生活中发现发型的做法，与项目教学中通过实地考察获得第一手资料的方法是一样的。"

教师D："幼儿们自发发现与探索出的经验印象更为深刻。"

当教师较为充分地挖掘"生活化教育"的教育价值后，主持人请梁老师讲解她通过家园合作引导幼儿发现喜欢的、新颖的发型的做法。为进一步强化新观念转变的重要性，我说道："在这里，我们看到了教育观念的转变，幼儿经验积累不仅仅在教学活动中，更在生活中。"

三、激励运用新理念尝试新策略

当教师对新理念有了一定认识后，引导教师运用新理念去发现新问题，将理念外化为解决问题的策略十分重要，因为这样更能激发教师改进工作的热情。

案例：

主持人将话题引向生活："生活中常见的羊有哪些？有什么特点？"教师们努力回想生活中见到的羊的样子，并带着记忆中自然状态下羊的样子观察幼儿的作品，发现幼儿创作的是两腿站立着的绘本里"卡通羊"的样子，和生活中的羊有一定的差别。教师们由此认识到，幼儿的表达虽然具有差异性，但个性化程度并不高。

主持人继续抛出问题："故事《白羊村的美容院》的简要内容是什么？告诉了我们什么道理？"

梁教师说："故事讲的是白羊村里来了一位美容师给白羊美容，并举办选美大赛，白羊们为了能得冠军而争吵，吵得正激烈的时候，看到隔壁村的一大群白羊，像一朵朵白云一样，静静地走过，它们一下子呆住了，看着自己映在湖水里的倒影忍不住笑了。白羊不再美容了，因为它们坚信白色才是最适合自己的颜色。故事提示孩子们，在信息迅捷、价值多元的时代，要懂得把握自己的方向。"此时，梁老师提高了声音说："真实的自己才是最美的，真实的羊才是最美的。如果再开展这个活动，我想增加这样一个环节，引导幼儿观察自然界的羊，绵羊、山羊、羚羊等，给他们看羊自由地吃草、奔跑的图片或视频，激发幼儿对生活中的羊的运动美、特征美的感受……"

四、鼓励将已有优势与新经验关联

在园本教研中，应注重引导教师将已有的优势与现阶段实践相关联，实现教学经验的系统化与连续性。

案例：

主持人提出问题："绘本是第几手资料，对幼儿学习与发展的意义是什么？"

骨干教师 A："绘本是第二手资料，生活中的体验才是第一手资料，应借助幼儿对绘本的喜爱，引导幼儿观察生活，培养他们在生活中获得第一手资料的能力与习惯。"

成熟教师 B："幼儿在自主学习中，有可能发现羊所生活的环境的美好，有可能用马蒂斯剪纸的方式表现草原的美，幼儿的审美创造力有可能被进一步激发。"

新入职教师 C："孩子们能用更丰富的色彩表达创意。"

梁老师说："这次教研我太有收获了，之后要进一步尝试。"

骨干教师说："我们在探究式主题活动中常常运用项目教学的方法，注重实地考察，让幼儿在探究中获得第一手经验，但这种做法未充分迁移到美术活动中。这次梁老师先行了。"

主持人总结道："通过这次活动，我们可以梳理出'四个真实'。第一，真实的兴趣。幼儿的兴趣是第一位的，我们应抓住孩子的兴趣，有计划、有目的地开展活动。第二，真实的环境。应鼓励与支持幼儿在生活中寻找、收集、欣赏自己感兴趣的内容。第三，真实的探索。应在寻找、收集、欣赏中发现、描述不同的视角、动作以及环境的美；第四，真实的互动。应在共享经验中拓展幼儿创作思路。"

此次教研，打破了教师"借助绘本开展美术活动"的瓶颈，深化了结合幼儿兴趣、借助真实生活开展美术教育的研究，对拓展教师活动设计实施思路具有指导性意义。

《指南》指导，让幼儿更加自主

王 倩

"六一"是幼儿最期盼的日子，每个幼儿园都会精心准备庆典活动，教师们忙着编排舞蹈，幼儿忙着排练，但很少有人思考幼儿是否真的喜欢这样的节日活动。在《3～6岁儿童学习与发展指南》（以下简称"《指南》"）的引领下，我们逐渐认识到，节日活动不仅要为幼儿搭建表达情感、展示自我的平台，更应关注幼儿的感受，把能否为幼儿带来快乐作为活动的重要目标。

那么应如何做到在满足幼儿"六一"愿望的同时，让他们在活动中既感受快乐，又有所收获呢？ 经过几年的探索，我们尝试开展一些特色活动，并取得了较好的效果。

一、走进幼儿，开展调研活动

幼儿园组织开展"你想怎样过六一？"调研活动，通过观察法、谈话法、家园共育法，了解到很多有价值的信息。不同年龄、不同类型的幼儿给出了不同的答案："我想和小朋友一起去看童话剧。""我想吃一顿大餐。""我想和很多的小朋友一起玩游戏。""我想拿到很多的礼物。""我想知道农村的小朋友怎样过'六一'。""我想和爸爸妈妈一起去海洋馆。"……

调查活动后，教师和幼儿一起开展了"我的节日我做主"主题活动，共同研讨如何将自己的节日过得自主、快乐而有意义。

二、明确主题，共同参与设计

幼儿园将"六一儿童节"的主题确定为"爱与快乐"，通过看视频、拍动画、制作设计图等有趣的活动，引导幼儿参与活动的设计，最终确定了"学会关爱""善于表达""大胆表现"三个板块。通过"爱的一家亲""同庆'六一'游园会""乐享'六一'""美食品鉴会""捐赠图书献爱心""爱心义卖嘉年华""'爱在身边'小剧场""'保护环境，善待地球'环保创意画展""'中国梦，宝宝的梦'儿童艺术创作周"等系列活动，让幼儿全程参与，提前感受节日的快乐。

三、精心准备，注重活动体验

在系列活动中，幼儿参与活动体验，在展现自我的同时充分感受活动带来的快乐。如"'爱在身边'小剧场"活动，引导幼儿大胆展示真实的自己，不用高贵典雅的表演场地，不用专业的彩排，不用长时间的训练，只需幼儿穿上和老师、爸爸妈妈一起设计的演出服，表演平时幼儿园活动中学过的歌舞节目。

"爱心义卖嘉年华"活动通过组织亲子义卖会，丰富幼儿角色体验，让幼儿感受低碳生活、绿色环保的快乐，引导他们从自我做起、从身边的每一个小事做起，将爱奉献给身边每一个需要关爱的人。同时培养幼儿的数学思维能力、理财能力、沟通交往能力、团队协作能力及市场交换和物质交换意识，在情景模拟中提高幼儿的实践能力和社会交往能力。

"同庆'六一'游园"是由幼儿发起的游戏共享活动。由幼儿投票确定最终的游戏形式，让幼儿自主设计游戏规则。通过幼儿全身心参与活动，使他们成为活动的真正主人。

在《指南》引导下，我们不断端正儿童观、教育观，转变思路，呼唤自主，呼唤快乐，并以此为指导策划组织节日活动。通过实践，实现了让幼儿成为生活的主人、游戏的主人、教育的主人的目标。

做教学研究式的评比展示活动

李朝晖

评比展示是我们在日常管理工作中经常运用的管理方式，能够很好地促进教师在某一专项领域或教育工作中的自我审视和反思调整。

一次，我们按工作计划开展了"户外活动——器械操展评"，不同年龄段的教师按学期初部署的工作要求，为幼儿编排了不同内容的班级器械操，包括小班"手铃操"、中班"哑铃操"和大班"花球操"。在展评活动开展的过程中，教师们都希望将自己班级最好的状态呈现给大家，但幼儿的表现却不尽如人意：有的动作不到位、跟不上节拍；有的在取器械变队形时，不知哪里是折返点……

活动小结会上，大家主动依照评比标准进行反思，查找自己班级幼儿在做操过程中出现的问题，但很少有人提及自己班级问题出现的原因。我和教学主任对大家积极查找问题的态度进行了肯定，并在与大家共同分析各班优势的基础上，引导大家分析不同年龄幼儿动作发展的特点、教师指导语的有效性等关键问题……结合评比内容的学习、研究、讨论、反思，大家进一步明确了改进的思路和方法，确定了四个方面的调整思路：第一，器械操上下肢动作编排要符合幼儿年龄和动作发展特点；第二，音乐选择要注重节奏的稳定均匀；第三，教师带操时要有与动作要点相关的提示语；第四，队形变换时折返点要有明显标识。

将评比展示活动延伸为引领教师学习研讨的重要过程是个成功的尝试。在整个过程中，应注重引领教师解读标准、分析幼儿表现、反思优势与不足、查找问题原因、明确调整思路，有效发挥这一管理方式的助推实效，让大家不仅关注结果，更能从中有所收获。

班级教师管理故事

班级教师合作及分工

李 茜

进入中班后，我感觉幼儿们一下长大了好多，吃饭速度快了，和同伴的交流多了，精力也更加旺盛了。我们班是混龄班，新入园幼儿在进餐时需要教师给予更多的关注，中班年龄的幼儿则喜欢在教室里跑来跑去，大声喊叫。面对这样复杂的局面，如何管理好中午进餐到饭后散步这个时间段，合理分配教师的职责和站位，成为班级中亟待解决的问题。

这天午饭后，作为主班老师，我看到班级里大部分幼儿都吃完饭了，就请他们收起手头的玩具到楼道里排队，准备去散步。散步时我领着幼儿们边走边做游戏——"跟我学"，学小动物走路，学小鸟、蝴蝶轻轻地"飞"。

走到楼道中段时，我突然发现出来散步的幼儿越来越多，但后面的配班老师却没有跟上。幼儿园楼道比较长，幼儿的散步习惯还处于逐步培养阶段，如果只有一位教师在前面带队，幼儿在中途发生危险，教师很难及时发现。可配班老师在哪儿呢？我很着急，于是就带着队伍从中途折返到班级里，去看看配班老师为什么没有出来。

回到班级后，我发现保育员在清理地面，晚班老师在整理孩子的床铺，因为新入园的幼儿进餐速度较慢，配班老师正引导最后吃完饭的幼儿们擦嘴漱口。我叫配班老师先停下，将手里的工作转交给保育员，和我一起完成幼儿的散步环节。

散步回来，等幼儿们入睡后，我向配班老师了解具体情况：原来她在准备带已经吃完饭的幼儿们出来散步时，发现保育员正在清理班级地面，于是就想等最后吃完的幼儿们擦嘴漱口完毕后，再带着他们一起出来。

晚上幼儿离园后，我们基于了解到的情况，针对散步环节召开了班会，把教师们发现的问题和提出的建议进行了细致地梳理。

中午进餐到餐后散步这个时间段中，教师的工作量都是很大的：有的要组织幼儿餐后安静游戏、散步；有的要关注个别幼儿进餐，进行餐后整理；还有的要尽快整理班级环境卫生，为幼儿入睡创造良好氛围……我很理解配班老师看到保育员较忙，愿意帮助保育员分担一部分工作的行为，但让更多的幼儿参与到散步环节中，并且确保幼儿安全也是至关重要的。这就需要我们每个人合理协调工作内容和站位，保证各个环节有序进行。

经过讨论，我们制订了这一时段比较合理的分工细则：幼儿吃午餐时，由两位教师在班上巡视幼儿午餐情况；先吃完的幼儿，由上午班老师组织他们在班级一角安静地游戏（看书或者玩手头玩具）；配班老师关注新入园幼儿进餐情况，并负责餐后整理，协助他们尽快吃饭；在多数幼儿用餐完毕的情况下，由主班老师组织幼儿开展饭后散步活动；班级中如果还有未吃完午餐的幼儿，配班老师应将其转交保育员，并立即跟在主班老师后，陪幼儿一起散步；主、配班老师分别在队伍的前、后，保证幼儿散步的安全。

班会后，班级教师在思想上形成共识，在目标上达成一致，在行动上共担责任。经过几天的试验，我们发现在这一环节中，虽然教师们依旧忙碌，但是工作开展得确实更加有序了，幼儿们进餐后的常规也逐步建立起来了。

通过这件事，我体会到：班级各位教师之间，既要密切合作，又要明确各自的职责。真正的合作不是不分彼此，而是每个人在明确职责的前提下，在合理分工的基础上，在有效的时间内高质量地完成任务，并在班级总体工作目标引领下，实现互补。只有这样，工作才不会因职责不明出现遗漏，也不会因界限太清而被延误。在日常生活中，大家各司其职、分工合作，共同开展好班级工作，才能使幼儿得到发展。

对新入职教师的合理引导

雷 鸥

在我担任主班老师工作的几年中，除了要全身心地照顾幼儿，还有一项很重要的职责，就是带领新入职教师全面提高业务能力，帮助他们尽早成为一名有爱心、有耐心、有责任心的幼儿教师。百年大计，教育为本;教育大计，教师为本。教育是高度专业化的职业。"教书育人，为人师表"的工作性质决定了教师必须具有高度的职业道德、良好的职业情感、广博的文化知识和过硬的专业技能。韩愈在《师说》中写道:"古之学者必有师。师者，所以传道授业解惑也。"教师在推动国家的发展与进步中起着重要的作用。

每个教师都经历了从学生到教师这一角色的转变。对于这个变化，新教师在一段时间内可能会感到不适应。这些不适应不仅会让他们手忙脚乱，还会对自己越来越没有信心。因此，在引导新入职教师时，我会用自己的一些真实经历作案例，拉近和他们的距离，增进感情，让他们信任我并且产生配合工作的意愿，同时也让新教师从这些真实案例中汲取经验，避免再出现类似的错误与问题。

例如，有一位新入职的王老师，长得很漂亮，工作起来也很认真，幼儿们都很喜欢她。

但王老师的性格有些急躁，在与幼儿相处的过程中，一些日常的小事，比如幼儿尿裤子、吃饭时洒汤、饭菜掉到桌面上、争抢玩具等等，都会使王老师变得十分焦虑，并在语言和行为上表现出来。在经过几次提醒依然没有改观的情况下，我决定和王老师好好谈一次。

首先，我请她讲一讲这段时间在班里工作的感悟，谈一谈面临的困难与困惑。王老师说了一些和幼儿一起游戏的快乐瞬间和工作上收获的经验，也总结了自己的不足，认识到自己有时候没有耐心，没有掌握正确引导幼儿的方法。我听完后，肯定了她的想法，并把话题引导到对待幼儿的态度上："大家都是从新职过来的，都有过急躁和不知所措的时候，我那时和你有过一样的困惑。但通过慢慢和幼儿们接触，以及在与其他老师的交流过程中，我忽然悟到，小班幼儿最大的也只有4岁，刚在这个世界上生活4年。教师少说也有20多岁，比幼儿大很多，怎么能用自己的标准去要求幼儿呢？咱们小的时候可能勺子还没他们拿得稳，挑食比他们还严重，做事情还没他们能力强，何必跟这么小的孩子较劲呢？没准你着急地说10遍，他们因为紧张还是记不住，但是和颜悦色地说一遍他们就能记住呢！"在说这些话的时候，我从王老师恍然大悟的神态和频频点头的动作中感受到她对我观点的认同。我没有再强调她哪些具体地方做得不好，我想一个成年人具有分辨是非的能力，会思考该不该做、该如何做，并判断正误。如果说得太多，反而容易引起她的抵触情绪。

这次谈话过后，我观察了王老师一个星期，发现她的工作态度与方法有了明显改进：不再着急地大声说话，而是给幼儿讲道理或适当提醒。

一周后，我们再次交流时，我肯定了王老师的进步和变化。她很开心地说："我一直记着您上次跟我说的话，觉得很对，那么小的孩子，跟他们着什么急啊！"

这个案例启示我们：问题无处不在，但只要我们抱着积极的心态，以饱满的精神和恰当的方式方法去努力，就一定能够圆满解决！

关注细节

刘 欣

　　进入大班后，一日生活的节奏加快了，各个环节的衔接也变得紧张起来，教师们常会因为时间不够而忽视很多细节。一次在幼儿洗手后，我发现盥洗室的地上存了很多积水。这样的安全隐患引起了我的深思：教师们真的忙到连擦一下地上积水的时间都没有吗？也许我们该认真思考如何更加合理地分配教师的职责与站位了。因为只有衔接好每个环节，才能更有效率地完成班级工作，也才能更好地照顾幼儿生活，促进幼儿的全面发展。

　　为解决问题，我进行了仔细地观察。加餐前，幼儿在盥洗室洗手，尽管会按常规将手上的水甩进池中，但洗手台和地上还是会有积水。这时候保育员正拿着奶杯在做分餐工作。午餐后，是幼儿的漱口环节，盥洗室再次变成了"水潭"。直到幼儿们上床睡午觉，盥洗室的地面和洗手台依然水渍斑斑，没有清理。

　　针对这一问题，我请保育员一起探讨，并形成了共识：幼儿们洗手后，洗手台和地面要及时擦拭，避免发生安全事故。保育工作烦琐细小，但正因为细小，更应该重视每一个环节。

　　后来，我再次走到小一班，发现盥洗室的地面和洗手台干净整洁，香皂盒、镜子也都被认真清理过，没有污渍了。

　　以此事为例，我利用休息时间召开班会，请大家各自就如何全面地做好保育工作发表自己的看法。大家从一日生活的各方面进行了分析，梳理了保育员的具体工作。细化了每个教师在洗手环节的工作任务，明确了保持洗手台和地面干净的工作要素及分工。经过几天的实践，盥洗室达到了五星级的卫生标准。

通过这件事，我们认识到：保育工作并不简单，只有明确职责，保育员才能时刻配合主班老师，成为得力的帮手，在有限的时间内有效率、高质量地完成工作，照顾好幼儿的一日生活。

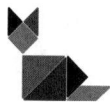

过渡环节的小妙招

姜　琳

　　在新学期刚刚开始，小班入园的初期阶段，教师应给予幼儿特别的关注，在一日生活的组织中，每一个环节都不能忽视。

　　马老师是今年新入职的教师，学期初担任保育员工作，她为人热情开朗，对幼儿有爱心、耐心，但是在保育教育方面的工作经验还不够丰富。我注意到，在中午幼儿进餐后的环节中有的幼儿还在进餐，有的已经吃完去擦嘴，有的在漱口，有的在如厕，还有的在活动室里走动。此时马老师显得有些没有头绪，一会儿去喂饭，一会儿去送汤锅，一会儿帮幼儿掖裤子，花的时间不少，做的事情很多，但是每件事都没有做好。

　　经过分析，我们认为马老师在这一环节做事没头绪主要有三个原因：第一是马老师指导幼儿的经验不够丰富；第二是马老师对工作内容没有清晰梳理，搞不清先后顺序；第三是班级教师没有确定分工及职责，未能建立合理的合作机制。

　　根据这种情况，我们首先召开班会，找出易混乱的环节，并将该环节的指导重点梳理出来，安排好教师的站位，特别明确几个需要教师特殊关注的幼儿，并在实践中检验。例如，中午午餐环节后，班中四位教师，一人关注未进餐完毕的幼儿进餐，一人引导幼儿擦嘴、漱口，一人指导幼儿如厕、整理服装，一人带领已经做完所有事情的幼儿排队，准备去睡眠室午睡。这样明确分工后实践一天，第二天找出前一天在组织和指导中的不足和空缺，再进行研究并调整策略，随后再次进行实践，直至各个环节均能有条不紊地进行。马老师在实践后感触很深，她分享了自己的感悟和收获，并将这种经验有效地应用到其他保育环节中，起到了很好的效果。

通过这一事例，我们认识到，在指导新入职教师的过程中，应先根据教师的表现找到问题的症结，基于原因明确解决方法，并引导教师在实践中反思，进而促进教师的专业化成长。

换位思考促和谐

王　娇

　　刚入园的小班幼儿第一次接触幼儿园，第一次离开自己的爸爸妈妈，到陌生的环境中生活、学习，与陌生的老师和小伙伴们相处，在生理和心理上都会出现暂时不适应的情况，在这期间做好保育工作非常重要。对刚入职的教师而言，尤其需要意识到保育员工作的重要性，认真思考如何做好保育工作，让幼儿更好地适应幼儿园的集体生活。

　　吃饭时，很多幼儿会对老师说自己吃饱了。可有一次我发现，几乎每个盘子和碗里面都有很多剩下的食物。难道是幼儿在家被喂习惯了，不愿意自己吃？于是，我蹲下来一边鼓励幼儿，一边端起碗开始喂，但不管怎么劝，幼儿依旧说自己吃饱了，不愿再多吃一口。在不得已的情况下，我只能往垃圾桶里倒了很多饭菜。

　　这种场景让我心里很不是滋味。幼儿园是培养幼儿养成良好习惯的地方，可孩子来幼儿园没几天，最先学到的却是浪费粮食，这是有悖于我们教育理念的。于是，下次盛饭的时候，我要求保育员少给些，不够再添。可能是保育员担心幼儿吃完后要求添饭会忙不过来，也可能是想让幼儿多吃点，让家长放心，所以饭菜还是给了不少，最后又倒了很多。

　　班里的保育员是个新入职教师，平时做事很有想法，而且领悟能力也很强，可为什么会出现这种情况呢？通过思考我认识到：新入职教师在工作时容易出现一些共性问题，书本上的理论及已有经验与实践难以灵活结合。

　　就这件事而言，我班的保育员之前在中班实习，将之前掌握的为中班幼儿盛饭的经验迁移到了小班，难以适用。针对新入职教师易出现的问题，同时根据《幼儿园工作规程》中明确提出的"按照保育与教育相结合的原则，遵循幼儿身心发展特点和规律，实施德、智、体、美等方面全面发展的教育，促进幼儿身心和谐发展"的文件精神，我认识到：提高保育工作质量十分重要。作为带班教师和班级管理者，我有责任和保育员做好沟通，帮助她提高思想认识，提高工作水平。最终，经过有效沟通，这个问题得到圆满解决，我也从中学习总结出以下工作方法。

一、学会倾听，积极交流

不愿倾听容易导致误会，给工作带来诸多不便。在工作中遇到问题后，我会先了解教师的想法，然后说出我的理解，再请教师说一下当时自己的想法，最后和教师一起分析产生问题的原因，提出改进的意见建议。

二、相互理解，互相帮助

大家工作都非常辛苦，不同的岗位有不同的工作要求，相互理解十分重要。保育员的工作非常烦琐，工作累、压力大，对此我不仅表示理解，而且在时间条件允许的情况下，还会帮助分担一些工作，如一起做班中的消毒工作、照顾个别幼儿等。互帮互助的良好班级氛围非常有助于解决工作中的问题。

三、具体指导，阐述理由

新入职教师缺少经验和方法，工作中容易出现问题。因此，指导他们时，讲解一定要配合示范才能起到较好效果。比如在解决如何给小班幼儿盛饭的问题时，我就一边做示范，一边讲解小班幼儿应该盛多少饭菜合适，以便于他们边学习、边理解、边提高。

组织户外游戏的收获

张雷洋

　　琪琪是一名新入职教师，很年轻，才 20 岁，她为人热情，细心又有耐心，在工作中和幼儿打成一片，孩子们都喜欢她，叫她琪琪姐姐。最近她尝试带班，组织了一次户外游戏活动，但是幼儿们不大听她的话，这令她十分困惑，积极性也受到了很大打击。

　　针对这个问题，我与琪琪老师进行了一次深入交谈。首先，我们一起分析了活动前的环节，我发现琪琪老师没有讲清户外游戏的规则与要求，就对她说："当孩子们不行动或不接受指令时，我们误以为是孩子们不听话，其实并非如此。"琪琪老师点点头，表示认同我的看法。我接着向她解释："为了让孩子了解行动规则，可以采取很多种方法。第一种方法是指导法，告诉孩子们具体应该怎么做。例如书如何摆、玩具怎么收、怎么坐、话怎么说等等；第二种方法是示范法，老师可以亲自示范给孩子看，让孩子理解具体的做法；第三种方法是引导法，我们可以利用孩子好模仿的特点，用卡通形象或动物来引导，比如对幼儿说'我们可以像小花猫一样静悄悄的'，引导他们改正原来不好的行为。"

　　琪琪老师非常认真地听我讲解，她边点头边再次提出自己的困惑："如果有的孩子还是不明白怎么办呢？"我说："有时候孩子不听话，不愿与老师配合，是因为他不理解或忘记了行为的规则。由于孩子发展水平不同，对那些不能一次理解或管不住自己的孩子，我们要更细致、更明确地解释要求，多次提醒孩子，让孩子理解、牢记并慢慢养成习惯。一定要注意我们的表情和声调，不要用喊叫的方式，而要使用坚定温和的声调提醒孩子，同时还要注意，在人多的地方讲话要小声，这样既不会妨碍别人，也容易让孩子接受。"

"我们也可以采用鼓励和赞许良好行为的方式让孩子们听话。有的孩子不听话，可能是需求没有得到满足，他们为了引起老师的注意，故意不听话或大喊大叫。老师对孩子这种不良行为，首先要沉着冷静，最好的方法是暂时让孩子独处一会儿，直到孩子胡闹的行为停止或是态度好转后再去处理。这是弱化不良行为的方法，利用不回应坏行为的方式，让孩子了解老师的态度。同时，老师要称赞、奖励好的行为，还要让孩子有意识地区别好与坏、容许与禁止。所以，当孩子不听话时，可以用赞许的话来改变他的行为。比如可以说，'我记得你是一个热心的孩子，记得吗？上次你还给老师帮了好多忙'，在奖励和赞许孩子时，还要让孩子具体了解是自己的哪个行为获得了赞许。此外，不要只是一味称赞孩子，'你真是个乖宝贝'，而应选用一些夸奖孩子具有某些良好品质及行为的语句，譬如，'你很有礼貌''很热心'等等，以强化孩子的良好行为。"

通过分析，琪琪老师理解了活动组织的核心方法。在第二次组织户外游戏前，琪琪老师再三重复活动要求，讲清所有活动规则，孩子们领会到她的意图后，都能够按照活动的要求去做。当幼儿按规则游戏时，她抓住时机，及时给予表扬与肯定，调动他们的积极性；当个别幼儿不参加活动时，她会采用一些游戏中的情景引导他们。

第二次户外游戏活动取得了很好的效果。琪琪老师显得既轻松又高兴，她找到我，真诚地对我说："谢谢您，我以前认为幼儿园工作很简单，通过这次户外游戏活动，我认识到做任何事情都要讲究方式方法。今后做事情我一定思考谋划在前面，争取将这次活动的收获应用到各项工作中去。"

认识幼儿特点，掌握带班方法

韩黎明

区评活动时间，带班的赵老师站在前面评价今天的活动，可幼儿们有的趴在桌子上，有的兴奋地讨论着区域活动时遇到的趣事。当幼儿们讨论的声音压过她的声音时，赵老师就停下来组织一下纪律，"孩子们别说话了！"然后继续讲话，但他们只是停顿一小会儿就又开始讨论了。

在喝水等过渡环节，赵老师同样存在关注不到位的问题，比如她先请两组幼儿去洗手，当发现其中个别幼儿需要帮助时，她会赶忙走过去提供帮助，却也因此忽视了其他大多数幼儿。

在每天的半日活动中，赵老师基本上是按照已经写好的计划执行，在课程外的其他环节，灵活性不够强，方式、方法也较为单一。因为这些经常重复的过渡游戏对幼儿而言已经没有新鲜感，幼儿显得十分困乏，状态不佳。

针对这些问题，我与赵老师详谈了一次。赵老师是一名新入职教师，对于如何引导幼儿这个问题的认识不清晰，对小班幼儿年龄特点的了解也不深入，组织的活动难以满足幼儿的需要，无法吸引幼儿的注意，常常出现幼儿们没有兴趣、不愿意听的现象，活动过程往往出现混乱状况。针对这些问题，我思考后提出了三点建议。

一、积累经验

对新入职教师而言，活动初期首先应参照幼儿的年龄特点，确定一些符合幼儿年龄特征的游戏。日常工作中，要多向其他教师学习有效的方式、方法。

二、明确职责

熟知带班老师的职责及一日工作的流程安排，针对目标制订详尽的计划，确保自己能够衔接好每一个环节。做任何事情前都要向幼儿提出明确要求，培养幼儿的规则意识，避免出现混乱场面。带班老师关注班内整体情况，配班老师注意指导个别幼儿，如果带班老师不能关注大部分幼儿，就很难及时控制意外情况，保证幼儿安全。

三、从兴趣入手

活动设计应以游戏为主，聚焦幼儿兴趣，引导幼儿开动脑筋思索教师提出的问题。除了做好充分的准备外，教师活泼风趣的教态、抑扬顿挫的语气也可以吸引幼儿的注意。教师应大胆尝试，并多观察其他成熟的教师，从模仿开始，逐步形成自己的风格。

从上面三个方面入手，赵老师逐渐解决了自身存在的问题，并在实践中总结出了自己的方法。她准备了很多游戏，采用谜语、儿歌等提升幼儿兴趣的活动方式，均取得了较好效果。现在的赵老师，不仅能够较合理地分配时间，衔接各项活动，活动中也能做到有想法、有成效，在各方面均取得了长足进步。

是同事是朋友更是家人

包梦夏

　　我是小一班新上任的主班老师，班级中的张老师是新调入的，有一定经验，卫老师是新毕业的年轻教师。能在一个班级工作是缘分，对此我们都十分珍惜。虽然我们三名教师的情况不同，但有一个共同的目标：将自己的爱分给所有幼儿，将自己的专业和细心展现给每位家长，维护好小一班这个其乐融融的"家"。所以，当工作中偶尔出现分歧和困难时，我们都会抱着真诚的态度，严格、耐心地做好每一项工作，虚心向其他同事学习，充分发挥团队力量，提升班级管理效率。

　　记得刚开学的时候，幼儿们的情绪很不稳定，班里几乎一半幼儿都在哭泣，都希望老师抱，但是班里只有三位教师，不可能把每个幼儿都抱在怀里。待中午幼儿午睡了，我们三个老师针对这个问题进行了讨论。我首先发言："幼儿们分离焦虑很严重，有的幼儿看见老师抱着别的小朋友，会更想得到老师的关注，哭得更加厉害。大家有什么好的办法既能解决幼儿哭闹的问题，又可以顾及所有幼儿的感受呢？"张老师说："那就两个都抱着，或者给他们玩具玩。"卫老师说："我没有经历过，真的想不出别的办法了。"我说："我有一个好主意，希望和两位老师分享。我们在试园阶段已经对幼儿有了一定的了解，能否将那些爱闹的幼儿和能听懂道理的幼儿放在一起安慰，通过讲道理，让他们知道，每个小朋友跟爸爸妈妈都是一样的，每天都会有任务，爸爸妈妈的任务是上班，宝宝的任务是来幼儿园和小朋友、老师做游戏，希望通过这样的方式能让幼儿们慢慢理解老师的话。我们还可以多放一些幼儿们喜欢的音乐或多讲一些幼儿们喜欢的故事，让幼儿慢慢感受在幼儿园活动、游戏的快乐。"按照我们共同研究出的办法,班里混乱的局面果然得到了有效改善。

幼儿们情绪稳定后,张老师又提出一个问题:"我们能不能不培养幼儿的常规?现在幼儿太小了,学不会。"我知道张老师心疼幼儿了,因为她是一位年轻的妈妈,觉得幼儿刚 3 岁就有那么多的常规要培养,会很辛苦。我耐心地和她讲解其中的道理:幼儿园是幼儿进入集体生活的开始,常规必须从小班培养。为实现这个目标,教师更要以身作则,在严格要求幼儿的同时严格要求自己,包括坐姿、语言、日常行为等。教师带领幼儿做游戏时,如果没有建立好常规,25 个幼儿乱哄哄的,会出现很多问题。

从那以后,在教学方面,我会和有经验的张老师研讨,虚心听取她的意见建议;同时,我会采用鼓励的方式指导年轻教师,帮助他们成长。除此之外,我们小一班全体教师还共同讨论、制订班级常规,把职责、任务等分解落实到每个人头上,大家各司其职、各负其责。以此为基础,我们这个"大家庭"越来越融洽了。

通过这些事情,我体会到班内教师之间的配合水平直接关系到班级管理的质量。教师相互信任、相互帮助、相互补位是和谐相处、提高保教质量的关键因素。

团结就是力量

李 术

在一次户外练习过程中，我发现胡老师带着幼儿走队时喊的口号没有和音乐合上拍子，而且里、外院两个班的进度也不一样，素质锻炼出现了比较混乱的问题。于是我走到里院轻声对胡老师说："先做操吧，一会儿咱们再调整一下音乐。"为了不给他增加心理负担，我没有再多说。

午饭过后，大班组的全体教师一起开了一个小会，我说："今天我和两位主班老师一起把素质锻炼的材料和摆放的位置都重新调整了一下，正巧发现两个班的幼儿练习走队的时间不大一致，行走节奏和音乐节拍有些对不上，想请各位老师帮帮忙，想些好办法。"蒋老师告诉我："两个班的时间总是合不到一起，音乐开始时，我们班要从里院走到外院，这个时候大一班已经开始做操了，所以每次我们班都要比大一班晚一些。要是能把这段时间统一好，剩下的问题就好解决了。"找到了问题的根源，我又召集大家集思广益，思考这短短几十秒的误差要如何消除才好。周老师建议大二班提早出来一会，其他老师觉得这样做不大好。王老师忽然想到了一点："我们队列练习、做操和素质锻炼都是用音乐贯穿始终的，可不可以这几十秒也用音乐来贯穿，两个班的幼儿一起玩点什么呢？"大家一致认为用音乐引导是非常自然的方式，于是讨论后决定让幼儿听着音乐出教室，大一班的幼儿自由律动并与邻班的幼儿打招呼，大二班的幼儿可以利用这段时间从里院走到外院。

制订好方案后，大家开始分头工作，寻找节拍鲜明的音乐。下午各班组织幼儿们走了一遍场地，计算出时间，并将确定好时间的音乐截出来，与后面的音乐衔接好。复杂的流程只用了一个下午就完成了。

第二天的户外活动一开始，我们首先用音响设备播放音乐。幼儿一听到音乐，就高兴地走出了教室，开始和邻班的幼儿打招呼，然后一起在院子里随着音乐扭动身体。随后，当音乐变成进行曲时，幼儿们在两位男教师的口令下迅速找到自己的位置，并随着教师的口令进行队列练习。接下来的做操和循环区的素质锻炼活动也因此变得非常流畅，教师与幼儿们一起律动，边进行动作指导，边与幼儿们积极互动。

通过这件事，我体会到了团队力量的强大，更加坚信只有我们大家齐心协力，才会使工作做得更好。

对幼儿进餐习惯的疑问

张雷洋

幼儿独立试园以来，保育员的工作一直由卫老师承担。由于没有爸爸妈妈跟着，幼儿在吃饭时出现了不少问题，如不爱吃菜、不愿自己吃、老师追着喂等等。

几天下来，卫老师很是苦恼："为什么我劝孩子，孩子都不吃呢？急死我了！"于是我们一起坐下来分析，达成了一致意见：首先，幼儿期是习惯养成的关键期，这一时期良好习惯的养成，将影响他们今后一生的发展。只有养成良好的习惯，才能促进幼儿身心的健康成长。其次，保证幼儿吃好饭，就应充分重视餐前活动的组织。为了帮助幼儿调节情绪，餐前尽量避免剧烈运动，可以进行一些安静的活动，使幼儿情绪逐渐恢复平静。第三，可配合故事欣赏帮助幼儿认识到吃饭的重要。如给幼儿讲《大公鸡和漏嘴巴》的故事，教育幼儿吃饭时要专心，也可以讲《小黄莺吃饭》的故事，使幼儿了解食物对人体的作用。此外，还可以通过唱儿歌潜移默化地教会幼儿一些用餐礼仪；最后，想方设法提高幼儿的进餐兴趣。如餐前让幼儿猜猜今天吃什么菜，向他们介绍今天要吃的食物和这些食物对身体的益处等等，使幼儿带着愉悦、期待的心情用餐。

另外，宽松和谐的精神环境和平等亲切的师生关系能使幼儿身心愉悦放松，有利于增进幼儿食欲。因此我告诉卫老师，在用餐期间，首先应注意创设良好的环境，包括为幼儿提供干净、整洁的餐桌、餐具，为幼儿播放轻音乐，使幼儿在优美轻松的音乐中安定、愉快地进餐。其次，应宽容鼓励。对进餐表现好的幼儿，教师应采用多种方式赞扬他们，激励他们积极用餐；对幼儿进餐中出现的过失，如掉饭菜、剩饭或不小心把饭碗打翻在地等等，不能训斥、命令、批评，而应采用亲切、关心的态度谅解幼儿。第三，应注意保持幼儿的良好情绪。在幼儿进餐前后，教师不要批评他们，即使幼儿做错了事，教师也应在饭后处理，避免幼儿在进餐过程中出现情绪波动，误将食物吸进气管等事故的发生。

卫老师对我的说法表示认同，但又提出了新的问题："每次豪豪都不愿吃青菜，喂他都吐出来，弄得我真头疼。"我说："出现这种情况时，我们可以采用餐前诱导法，根据小班幼儿喜欢模仿的特点，利用集体氛围的渲染，用情绪感染他们，为他们树立榜样。在进餐前，我们可以有意识地吸吸鼻子，夸张地说，'哇，今天的菜好香啊，看还有木耳炒肉片呢，多香啊！营养很丰富，肯定好吃极了！'教师热情、亲切的语气会引发幼儿的食欲，这样，幼儿也学着教师的'馋'样，动手吃起饭来。碰到不爱吃菜的幼儿，我们可以拿一个玩偶'小白兔'来帮忙，以'小白兔'的语气说，'哟，今天吃我最喜爱的青菜呀，我要吃，我要吃！'孩子们一看，小兔要来抢他们的菜吃，一下子就来劲了，都低下头吃起了青菜，吃得又快又香。对于小班的幼儿，教师利用夸张的动作、有趣的故事来激发幼儿进餐的欲望，效果很好。同时，我们可以利用幼儿爱模仿动画人物的特点，告诉他们哪种食物是哪个动画人物爱吃的，从而让幼儿爱上不同的食物。"

"除了以上的问题，还要注意小班幼儿年龄小、食量少的问题。"我继续说，"我们在给幼儿盛饭时，一定要遵守少盛多添、逐渐加量的方法，就是在盛饭时，有意不盛得太多太满，留一点菜和饭等到吃完时再添。一次性给幼儿盛太多的饭菜会给幼儿带来压力，加重幼儿的心理负担，使幼儿产生畏难情绪。而且幼儿对盛饭、添饭很感兴趣，每添一次都会很自豪，增加了自信心。所以在给幼儿盛饭时，可以有意不盛得太多太满，鼓励幼儿吃完再添。这样既不减少饭量又不会使幼儿对吃饭有畏惧感。还有些幼儿挑食，如果要他一下子改过来是不太可能的，对这类幼儿可采用'逐渐加量'的方法。如有的幼儿不吃绿色蔬菜，开始少给他盛点，以后逐渐增加，让他们逐渐适应，教师还应及时鼓励'真棒！再盛点吧！''今天，你学会吃胡萝卜了，真了不起。'等等。这样，通过反复鼓励，能激发幼儿的食欲，帮助幼儿逐渐改掉挑食的毛病。"

经过探讨，卫老师开始使用这些方法，并产生了很好的效果，比如豪豪开始吃菜了，大宝吃饭时也不跑了。

幼儿良好进餐习惯的形成，单靠幼儿园的培养是不够的，卫老师还与家长交流，请家长一起帮助幼儿改善不良的进餐习惯，通过双方配合、积极施教的方式，让幼儿在和谐的环境中形成良好的饮食习惯。坚持一段时间后，幼儿们逐步养成了良好的进餐习惯，绝大部分幼儿能够独立进餐了。

我和璐璐的故事

王　菲

三年来，璐璐老师一直和我在一个班，我一直想办法为她提供更多的历练机会，思考如何提高这位青年教师的成长速度，帮助她尽快成为一名智慧型教师。

有一年的"六一"前夕，幼儿园要求各班排练舞台剧，确定由各班主班老师负责排练工作。通过平时的观察，我了解到璐璐老师有这方面特长，并且非常注重幼儿表演能力的培养，经常带着孩子们一起练习儿歌、绕口令以及各种发声练习等。我觉得这次活动可以充分发挥璐璐老师的优势。经过我提议，领导同意由璐璐老师负责我们班舞台剧表演的组织工作。接到这个任务后，她非常重视，每天认真组织练习，幼儿的积极性被很好地调动起来了。

一周后，领导来检查节目，提出了许多需要改进的问题，这让璐璐老师非常沮丧。她对我说："王老师，我不想负责舞台剧了。领导说存在很多问题，可我觉得练得没有问题啊。"关于这个问题，我也有自己的判断：这是璐璐老师第一次负责节目组织，她工作积极性很高，有自己的想法，但是经验不足，想得不够细致，只是让孩子们把台词说出来，但却没有更多的表现力。于是，我试着引导她："你觉得孩子们表演得好吗？"她说："他们表演得已经很不错了，那么多词都能正确地说出来，多不容易啊！"我说："你有没有想过对于舞台剧表演来说，最重要的是什么？"她想了想说："是夸张的表现。"我说："咱们看过很多舞台剧，演员的综合表现很重要。但是，孩子们很少看舞台剧，所以以为只要把台词念一下就可以，我想这也是可以理解的。"璐璐老师若有所思地说："那我带着孩子们看看舞台剧吧，让他们看看台上的演员是怎么表现的。"我说："当然可以啊，但要让孩子们有目的地看，让孩子们知道要看什么，争取让孩子们学到一些东西。"

听了我的话后，璐璐老师在网上找了一些适合幼儿看的舞台剧，组织他们观看。在看的过程中，她不断给孩子们讲该怎么演，动作是怎么样的，眼神是什么样的……经过这样的学习，孩子们的进步很大，表现力有了很大提高。璐璐老师组织排练的积极性越来越高，每一次都是带着问题排练，想不同的方法帮助幼儿提高。经过努力，再次表演时大家一致觉得节目质量很高，并且肯定了璐璐老师的排练方法，准备在全园推广。

经过一次又一次的历练，璐璐老师在我的带动下不断成长，不再是一个碰到困难就手足无措的青年教师。她变得坚强、自信，无论遇到多大的困难，她都坚信可以通过自己的不断努力克服，实现自己的梦想！

我与青年教师共成长

樊亚楠

这已经是我从事幼教事业的第四年了，从懵懵懂懂、束手无策的新手成长为一名主班老师，甘苦自知、充满回味。作为主班老师，我不仅仅要着眼于提升班级的保教质量，更要团结班级全体教师，让大家心往一处想，劲往一处使，为班级建设携手努力。

前几天班里发生了一件事，给我敲响了警钟。我们班的男教师胡老师，在环节与环节过渡时期的管理中存在一些问题。为了确保幼儿的安全和班级的安静，胡老师一味让幼儿玩手头玩具、看书，他则在一旁巡视辅导。我以前提醒过他这方面的问题，但他总是显出不耐烦，并且一副束手无策的样子。

经过几天的观察，我再也按捺不住，在幼儿等待开饭玩手头玩具时，我和胡老师交谈起来："其实衔接环节时不光可以让幼儿玩玩具，也可以让他们说一说区域活动时的相关游戏及收获。"这时候我俩发现有些幼儿放下手里的玩具，盯着我们，听我们说话。胡老师脸上的表情似乎发生了微妙的变化，他语气低沉地说："把玩具都收了，小手小脚放好了，谁愿意说说区域活动玩了什么？"我隐隐约约发现，胡老师讲话时脸上的表情似乎带着一些情绪。

过了一会儿，开饭了，胡老师默默走到一边，静静地看着幼儿，始终没主动和我说一句话。我意识到情况不妙，感到他有点儿不高兴，不禁反思，是不是我的说话方式出了问题，让他觉得没面子了？还是觉得我不重视他了呢？胡老师是一名男教师，我用以前总结出来的与女教师沟通的方法与他交流，效果似乎不太好。由于性别的不同，他可能更容易感觉自尊心受到伤害。为此，我利用课下时间咨询了成熟教师，向他们取经，学习与男教师沟通的经验。在进行了深刻反思后，我决定再找他谈一谈。

中午吃完饭，我主动开口，语气轻松和蔼，尽量做到保护他的自尊心："胡老师你看，如果我们有效地利用平时环节衔接过程，讲一讲常规，说一些我们班孩子的所见、所闻、所感和所学，是不是能更好地调动他们的兴趣，从而有利于我们进行下一环节的教育呢？"胡老师情绪似乎有所好转，说："不能玩玩具吗？那什么时候玩合适呢？"我赶紧说道："不是不能玩，我们要及时抓住教育契机，有效地、巧妙地利用时间进行合理的教育。可能今天上午我说话的语气态度过于生硬，我向你道个歉，你不要往心里去，希望能理解我。"胡老师低下头说："没事的，我想了想，觉得您说得有道理。"我们相视而笑，我心里的石头终于落地了。

通过这件事，我的感受是，在日常班级管理中，要尽量学会换位思考，换一个角度和方式想问题，只有这样，才能一心换一心，彼此真心相待，友好顺利地解决各种问题。

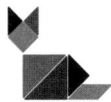

小班级，大智慧

马　丹

俗话说，一个好汉三个帮。一个班级的工作，除了需要主班老师带领和规划，更离不开每位教师的配合。如何合理有效地利用班中教师的特点，充分发挥其长处，形成特色，并在班级管理中充分发挥作用，需要认真思考、合理安排。

我们班的教师队伍由两名经验丰富的教师和两名青年教师组成，其中包括一名男教师宋老师。相对于女教师而言，男教师有独特优势：户外活动组织能力较强，在幼儿日常行为习惯的培养方面能较好地引导，做事时雷厉风行，思考问题比较理性等。男教师参与管理解决了全员女教师带来的幼儿性格养成在某一方面易缺失的问题，有助于幼儿的健康成长。然而，男教师由于自身音量及行为有别于女教师，在与幼儿交谈中，若言行稍有不适宜，就容易被幼儿和家长误认为过于严厉，这是男教师在工作中经常遇到的困惑之一。

为有效解决这一问题，我们在开学初和家长进行了座谈，就男教师的优势和在班中的重要作用，以及男教师与女教师行为处事方面的不同等和家长进行了深入交流，帮助家长在充分了解男教师特点的基础上，打消顾虑，为之后工作的顺利开展打下基础。与此同时，针对男教师性格方面的特点，我们在具体开展工作时，也会制订一些"班中小原则"，即"严肃不严厉，谈话不训话，认真不较真。"

记得有一次，我们班的"淘气包"杰森在活动区角游戏时和另一名幼儿争抢玩具，还把别人刚搭好的作品给拆了。当时正好是宋老师带班。看到这一行为后，宋老师并没有严厉批评杰森，而是很严肃地让杰森先将手上争抢的玩具放下,让正在情绪躁动中的他冷静下来。之后,宋老师以男教师思考问题与处理问题的独特方式和杰森进行了朋友般的谈话,让杰森意识到自己的错误,认识到自己行为中存在的问题。

同样,在日常工作中,充分调动每名教师的积极性,使大家拧成一股绳,共同承担班级工作也非常重要。例如在幼儿常规培养方面,让每名教师都意识到自己的职责,能够帮助他们养成在日常工作中细心观察、发现问题的习惯,并形成随时探讨、共同解决的工作机制。

学期初,我们发现幼儿在离开座位去盥洗时,总是随意摆放椅子。于是,我们召开班级教师会,及时探讨、制订统一标准,如什么时候需要摆椅子,怎样摆,如何提醒幼儿记住等等。通过讨论和总结,每位教师都能在心中明确统一标准,大家一起指导、监督班中幼儿改善这一问题,取得了显著成效。

班级工作的开展,离不开班级教师间的相互合作。作为主班老师,必须想在前面、做在前面,在充分考虑班组成员性格特点的基础上,发挥每名教师的长处,关注每名教师的薄弱之处,大胆培养锻炼,将大家的短板变为长板,促进班级的整体进步。

小分工，大合作

杜艳丽

小班新生入园已经一个月了，他们中的大部分已经适应了幼儿园生活，能够在教师的带领下参与各项活动。但是，也有个别现象，如有的幼儿依恋情绪比较重，会黏着老师；有的幼儿比较好动，对老师的要求充耳不闻。

上午的户外活动时间到了，幼儿们穿好衣服后，我在前面带队，配班老师在中间，保育员在队尾。走到楼道拐角处时，配班老师去放音乐了，我和保育员两个人一前一后带着幼儿们往操场走。等我带着队伍走到操场时，却发现队伍里只剩下我一位老师了。这时，大部分幼儿已经站到了操场上，围成了大圈，做好了游戏前的准备，可是有两个好动的幼儿却自己跑到滑梯上玩了起来。户外活动的音乐已经响了，我只好带着大部分幼儿做户外操，但是眼睛一刻也不敢离开滑梯上的幼儿。正在我焦急的时候，放音乐的配班老师回来了，我赶紧示意她把滑梯上的两个幼儿带回来。这时，保育员牵着一名幼儿也来到了操场上。

中午孩子们都睡下后，我对户外活动时其他教师的去向一一做了了解：本来在队伍中间的配班老师去放音乐了；在我带着队伍拐出楼门时，一个幼儿突然想小便，所以保育员带着他回班小便了。了解了事情的原委后，我们针对这个情况进行了细致地梳理。

大家各抒己见，就幼儿园一切活动应以安全为前提达成了共识，并且在充分讨论之后明确了户外活动前后各自的工作职责和内容：三位教师要一起带队到操场；带队时，配班老师和保育员要盯住或牵好好动的孩子；幼儿全部到操场后，主班老师和保育员先带幼儿做热身和准备活动，配班老师放完户外活动音乐后马上返回；在户外活动前，主班老师要明确要求幼儿如厕，保育员安排每个幼儿小便，主班老师和配班老师为幼儿整理衣服。明确了各自的职责和站位后，户外活动环节前后的衔接和组织比以前顺畅了很多，幼儿们也玩得更开心、更尽兴了。

　　班级是一个集体，每名教师都应承担起自己在班级中的责任，既要分工明确，又要配合默契，"小分工，大合作"是保证各项工作有序完成的前提和基础。

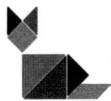

心的改变，新的改变

姜 琳

本学期园内给了我一个难得的机会，让我以师傅的身份对青年教师张老师进行业务指导。接到这个任务后，我时时刻刻努力践行着作为师傅应尽的责任与义务。尽管心中有些压力，肩上也添了许多责任，但我很清楚幼儿园为青年教师搭建培训平台的重要性，也意识到自己作为师傅，应起到重要的引导、榜样与示范作用。

年轻的张老师在工作中想法很多，对待幼儿也很热情，但是工作的方法和经验还有待提高。在本学期，我带着张老师组织了"走进新南锣"主题活动。

我们班大多数幼儿都住在南锣胡同，他们对身边的生活环境和其中蕴含的文化有很浓厚的兴趣。在平时的一日生活中,南锣里面的建筑、工艺品等都是孩子们喜欢讨论的话题，有的幼儿还会分享自己家在南锣中所开的特色店铺。幼儿升入大班后，对周围的事物更加关注，对新鲜的事物更加好奇,也更乐意去思考和探究。我们就结合幼儿园文化，以及大班幼儿的年龄特点和班中幼儿的兴趣点，开展了"走近新南锣"主题活动，帮助幼儿重新体验、感受南锣，增强幼儿探索和研究的能力，引导幼儿学会合作，学会关心和爱护我们的生活环境。

在创设环境之前，张老师设计了一幅主题小样。我看出主题小样存在一些问题，如画面不够立体，建筑设计中的传统风格不足，细节处理不当等等。但是我没有直接说出来，而是和张老师共同研讨、分析了主题脉络，以为幼儿创设一个温馨、和谐、传统、充满童趣的环境为原则深入讨论。我们仔细分析南锣的照片，再综合大班幼儿的注意水平和认知领域，一致认为首先应该从美育的角度，给幼儿以美的感受。因此，我充分发挥张老师的美工特长，将环境中的房屋店铺设计出立体的效果，使幼儿理解近大远小的道理。

任何环境的创设都不能为创设而创设，而是必须服从于内容和需要，要充分发挥环境的综合功能，因地制宜，充分挖掘、利用已有的条件构建环境创设的元素。我启发张老师，请她思考如何在一间小小的房子上做文章，最大化地体现环境的教育价值。于是张老师用自己下班后的时间到南锣实地观察建筑细节，了解店铺的历史和牌楼的设计。经过反复研讨，我们对如何将这些建筑中的精华呈现在环境中，以及怎样引导幼儿去欣赏，进而发现其中的美达成了共识，并形成了活动方案。

在教育活动中，我们按既定活动方案执行，引导幼儿剪出了房子的"飞檐"和"五脊六兽"。在教师和幼儿的共同努力下，墙饰最终呈现了较好的视觉效果，对幼儿的发展产生了积极影响。

这一时期的新教师就如同仍处于孩童阶段的人，每天都会冒出许多新想法，也会遭遇许多新的困惑与困难。在这一学年的互相学习、共同成长过程中，我获得了许多新的感悟与启迪，也从张老师身上发现了热情、积极、好学、上进等优秀品质。

针对张老师的特点，我首先肯定张老师在教学过程中的优势，并帮助她准备教学研讨活动，使她在教学技能上获得新的提升。我还经常告诉她，要时刻保持良好的职业品德，有一颗爱孩子的心。在工作之余，我鼓励她多写文章、总结教学过程中的心得体会、整理成功教学案例，为以后写文章、写总结打好基础。

授人以鱼不如授人以渔。身为老教师，我们首先应该将工作的方法、思路传授给青年教师，多给青年教师一些思考的方向；同时，也要发挥青年教师的优势，使他们在工作中发挥自己的特长，取得成就感，提升自己的工作信心；老教师还应该多运用实战经验，身体力行地为青年教师树立榜样，进一步加强指导的深度，拓宽指导的广度，帮助青年教师尽快成长为一名优秀教师。

在工作中发现问题和解决问题

周晨红

班级是幼儿园的核心单位，是幼儿学习、游戏的主要场所。幼儿日常行为习惯的养成、一日活动的组织都是依托班级这块基地进行的。班级的管理水平直接影响着幼儿园教育教学活动的质量。

在餐前的过渡环节中，我班的幼儿已经会玩各自喜爱的手头玩具。最近，在这个时段出现了声音嘈杂、幼儿取玩具时拥挤、玩玩具时打闹的现象。但是，年轻教师们并未关注到这些问题。

为了使教师们善于发现问题并创造性地解决问题，我用录像记录了当时的情景，并利用班会时间请教师们观看。在观看时我提出了问题："你看到了什么情景？这个环节应该是什么样的？为什么会出现这种情况？"看完后，教师们都不好意思地说："这个环节太乱了。"我追问："那这个环节孩子们应该怎样？"教师们回答："按顺序挑选自己喜爱的玩具，安静游戏。"我又问："现在出现这样的问题是什么原因呢？"教师们相互看了看，张老师想想说："玩具还是以前的玩具，没变，是不是不爱玩了？"我回放视频，引导大家再次观察孩子们是如何玩的。结果，大家发现孩子们拿着玩具互相打闹，并不像以前摆弄、琢磨、互相交流着玩了。这时大家一致认为，幼儿玩玩具的方法已经需要更新了，对于孩子们来说，这些玩具已经没有挑战性了。于是我请教师们分别组织幼儿讨论每个玩具的玩法，然后由教师将玩法梳理出来，在幼儿间分享，并将玩法粘贴在墙上供大家借鉴学习。

再玩玩具时，孩子们安静了许多，他们还互相交流玩具的不同玩法，打闹的现象减少了。

对于幼儿因为抢玩具拥挤的现象，我请大家观察玩具筐的摆放情况，看能否实现幼儿自由分散取放玩具。大家发现，现在的玩具筐摆放得太集中，幼儿拿玩具时相互冲撞，潜藏着不安全因素。于是，教师们将玩具筐分散摆放。果然，幼儿分散开后，不仅取玩具的声音小多了，不必要的碰撞也减少了。

由此可见，在遇到问题时，应当引导教师们观察、发现问题，分析原因并不断调整措施，促进教师们主动积极地解决问题。

身体力行，做好主班老师工作

边　硕

常言道：火车跑得快，全靠车头带。一个好的主班老师是带好一个班级的前提。主班老师不仅要懂得如何做好班级工作，怎样更好地调动班级教师的工作热情，还要提高个人素质和业务水平，做事严谨有序，工作积极主动，与其他教师合作时要相互关心帮助，有条不紊地展开工作。具体而言，主要包括以下两点。

一、全面抓好工作，起好带头作用

班级工作效果如何，与主班老师有着很大关系。主班老师与班组成员朝夕相处，思想、行为、形象对班组成员都有着一定影响，具有带头和示范作用。因此，主班老师要以身作则，对班级工作全面负责，包括班级幼儿的管理及安全保障、教师积极性的调动、班级工作的安排、幼儿园各项任务的具体落实、家长工作、日常保育和教育工作等，并负责班级工作的计划制订、执行跟踪及效果评估等等。作为沟通桥梁，主班老师还需要负责园长和教师之间的沟通，协调家长和教师之间的关系，协调教师与教师之间的关系等等。同时，主班老师还要认真完成自身的教学工作，保障全班的教育质量及各项任务的完成，为保证幼儿健康快乐发展贡献力量。

二、团结友爱同事，形成班组合力

同事之间贵在团结。大家心往一处想、劲往一处使才能把班级工作做得更好。本学期初，我们召开班会，讨论确定本学期的工作重点，并根据重点将工作分派、落实至每个教师。在平时的工作中，大家注意发现问题并及时开会，共同想办法解决。如有一次，小班幼儿的出勤率不高，我们及时召开班会，大家一起总结原因，共同寻找解决对策，并分配了各自的任务：有的教师负责家长的工作，给家长介绍幼儿防病小妙招，获得家长的支持；有的负责将班级工作做细，关注幼儿的日常生活护理，如午睡时帮幼儿掖被子……在大家共同努力下，幼儿的出勤率终于提升了很多。

前几年，班中的张老师参加保育员测评活动，这对她来说并不是件容易的事。如何帮助张老师取得理想成绩呢？我和班中教师们经过商量，制订出一套帮助计划。由王老师辅导朗诵，我辅导钢琴和玩具玩法，再请其他班的老师辅导绘画、手工制作和唱歌。我们根据她的特点为她选择适合的内容，认真辅导。只要张老师需要，我们都及时予以帮助，只为让她顺利通过测评。

正因为班组成员团结友爱，互帮互助，我们班才取得了今天的成绩。

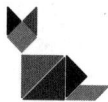

真心相待，真情以对

雷 鸥

  主班老师作为幼儿园的基层管理者，是幼儿园管理队伍中不可缺少的部分。如果说班级像"小家"，主班老师就是"一家之长"，需要随时发现"小家"中出现的问题，并调动每位"家庭成员"的积极性，齐心协力解决。因此，主班老师的岗位不仅需要业务能力，更需要综合的管理水平。

  主班老师的第一个职责是管理班级的全面工作，保证保教质量，发挥桥梁纽带作用。因此主班老师应在与班内其他教师研讨沟通的基础上，确定学期、学年的班级工作计划，做到"保教结合"。虽然班级工作计划的主要制订者是主班老师，但计划的完成需要班组每个成员的共同努力。每个幼儿都有自己的个性，每位教师都有自己的风格，每个班级也有各自的实际情况，这就要求我们务必从实际出发，制订合理的工作计划。

  主班老师的第二个职责包括调动班级其他教师的工作积极性、主动性，及时发现和解决班级存在的问题，安排好新入职教师和实习生的工作等等。本园经常有实习教师进班实习，这些刚刚毕业的教师，对于班级工作、教师职责分工的认识还不是很清晰，主班老师应在其上岗前，安排他们跟班并进行"教师岗位职责"的学习。新入职的保育员有时会出现对幼儿不耐心或消极工作的情况，每到这时我都会把问题提出来，承担起帮助教师成长提高的责任。有一次，在与新入职教师王老师交流时，王老师很坦诚地对我说："我觉得我可能不太适合做这个行业，有时候看到孩子把脏东西弄得到处都是或者尿裤子、拉裤子时，我就特别没有耐心、特别生气，控制不住自己的脾气。"我觉得她说的是自己的真实想法，便对她说："我特别能够理解你的心情，你自己还是一个孩子呢，没有那么多耐心和方法对待孩子是可以理解的。缺少方法和耐心没关系，这些可以慢慢学习，但我们要有一双愿意发现孩子们长处的眼睛，做个有心人。你看，孩子们多么天真可爱，无论你怎么不耐心、不耐烦，孩子们依然对你那么热情，那么喜欢你，是不是？"听完我的话，王老师默默地点了点头。这件事之后，我留心观察王老师，发现她像自己承诺的那样，不断调整自己的情绪与行为，做得越来越好了。

作为一名新教师，首先要锻炼自己"眼观六路，耳听八方"的能力，注意倾听幼儿的心声，哪里有需要，都能第一时间到位；哪里有危险，都能立即发现并排除。主班老师要充分挖掘新教师和实习教师的潜力，做好传帮带工作。

现在，部分年轻教师存在误解，觉得幼儿园的重点工作是如何给幼儿上好集中活动，或学习、组织好游戏，往往忽视日常生活活动的组织，缺少对生活细节的关注。为解决这个问题，主班老师应让教师从组织一个个生活环节入手，引导他们随时随地关注幼儿，帮助教师掌握组织幼儿一日生活的方法。作为主班老师，还应充分发挥新教师的优势，帮助他们积累经验，并通过分小组、分区活动等方式，逐步提高教师各方面的能力，保证幼儿园活动的效果。

众人拾柴火焰高

王　娇

新学期开始，园里考虑到新小班幼儿适园情况的特殊性，特意给班里分配了四位年轻的、做事细心的教师。我原本以为自己有过三年带小班新生的经验，班组人手充足，再加上班里的教师又都充满活力、热爱工作，带独立适园的幼儿不会有什么问题。然而，现实却比想象来得残酷。入园第一天，班里幼儿哭的哭、闹的闹，老师、幼儿乱作一团。为了开园，我们前前后后做了很多准备，这样的状况让我既苦恼又困惑。

半天的工作结束后，教师们坐在一起准备第二天的活动，其中两位年轻教师以开玩笑的方式相互指责对方。她们的玩笑话使我突然意识到问题所在：首先，班里教师虽然人员充足、热心工作，但她们都是新入职教师，连正常的带班经验都没有，接待新入园的小班幼儿存在一定困难；其次，在整体活动中教师站位、分工不明确，导致教师做事情时扎堆，过多关注哭闹的幼儿，忽视另一部分情绪还算稳定的幼儿，继而出现个别幼儿脱离集体，整个场面失控。

经过认真思考，我认识到：要想避免类似的问题，我们应明确各自的工作内容，研讨确定具体的工作方法。

一、发现问题，逐条解决

工作结束或休息的时候，班里成员会针对当日的活动内容，分别交流自身感受及发现的问题，并针对每一个问题，共同分析原因，商讨出可实施的策略。这样，既能够发挥青年教师的聪明才智，调动他们的工作积极性，又能在工作过程中实施相应的策略。

二、经验分享，以防万一

虽然现在的幼儿整体素质有了提高，但毕竟刚入园，他们往往不懂规矩，容易以自我为中心，面对陌生的环境和教师时出现分离焦虑，这是非常正常的，对此我们应给予充分理解。于是，我将以往新入园幼儿的一些表现和教师可以使用的应对策略分享给了大家，让教师们在对未来的困难有心理准备的同时，理解并掌握相应的解决办法。

三、分工明确，各司其职

我们把各自目前的岗位、职责、站位做了细化，明确了从迎接幼儿来园开始每位教师的站位及工作任务；确定了进餐、区域游戏、户外活动、室内活动、过渡环节以及包括幼儿离园在内的所有环节的分工；详细说明了每一个环节中教师应注意的重要事项。最终实现了每一个幼儿活动的地方都会有教师，每一个幼儿都能得到教师关注的工作目标，班级的管理情况有了很大改善。

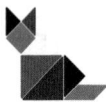

重习惯培养，建有序常规，塑良好班风

黄 悦

开学已经快一个月了，这一天，张老师开始了一天的活动："小朋友们，咱们一起说个儿歌吧！"张老师念起儿歌，幼儿们也你一句我一句地跟着学。虽然张老师非常用心，可幼儿们却东张西望，声音杂乱无章、此起彼伏，还有些幼儿根本没有坐在自己的座位上。张老师很无奈地看着他们。

"没有规矩，不成方圆。"从上面的事件可以看出，如果教师仅仅只是热爱孩子，没有教育、引导，没有让他们建立起常规，而是任其发展，那么这个班给人的感觉就是一盘散沙。一个班级混乱的原因，往往是没有制订有序的班级常规，幼儿不知道该做什么，应该怎样做更好。作为主班老师，带领班级教师发现问题、解决问题是职责所在，应当帮助教师了解并逐渐建立起常规。

今年是张老师工作的第二年，她在经验上还有很多不足。我尝试从以下几方面入手，为她提供帮助。

一、对班级幼儿要全面了解

作为一名工作在第一线的教师，建立班级常规的一个重要前提条件是对本班幼儿有全面的了解。幼儿之间存在着年龄和生理上的差异，教师只有熟悉每个幼儿，了解他们的个性和习惯，才能结合幼儿特点制订出符合本班幼儿发展规律的常规管理方法。

二、常规教育要贯穿一日生活中

俗话说得好，"千里之行，始于足下"。幼儿良好的常规也要从幼儿身边的每件小事开始培养，从日常生活的基本要求做起。这里提到的常规其实是很广泛的，包括生活常规、学习常规，而生活常规的建立则隐含了幼儿良好的卫生习惯、在园的生活习惯、集体规则意识的培养等等。教师应当根据幼儿在幼儿园的一日生活，有内容、有目的地开展教育教学工作。

三、常规教育要反复抓

幼儿的年龄比较小，自控能力比较差。要让幼儿养成良好的常规意识，教师首先要让幼儿知道应该怎样做，为什么这样做，进而提高幼儿分辨是非的能力。其次，虽然幼儿的可塑性比较强，但是，良好常规的养成不是一朝一夕就能实现的。在教育中，我们应遵循幼儿的身心发展规律，带领幼儿不断反复练习，并灵活地变换教育形式，帮助幼儿养成良好习惯。

四、利用榜样促进常规

每个幼儿都有自己的特点，教师只要善于捕捉幼儿的闪光点，就能很好地进行现场教育。例如：每次擦嘴时，总会有一部分幼儿不能按要求做，用完的纸巾随手乱丢。有一次，班中有个幼儿自觉将别的幼儿乱丢的纸巾捡起来，扔到了垃圾桶。我们马上抓住机会，对这位幼儿进行了表扬，鼓励其他幼儿向她学习。幼儿很喜欢模仿，也特别容易受到鼓舞，有了榜样的影响，幼儿行为的改变就会容易很多。

做一个有"心"人

佟静宜

不知不觉中，我已在幼教行业里打拼了十几个年头，从一个一知半解需要前辈带的新手，成长为引领新教师成长的主班老师。在这期间，我经历了很多，对幼儿园的班级管理也梳理出一些经验。

一、团结同事，做到"同心""热心"

日常工作中，主班老师与配班老师密切配合是管理好班级一日生活的关键。几位教师愉快地共事，心情舒畅，工作起来就不会有太大压力。

作为一班之长，做任何事情都要有责任心，尤其要做到"热心"地帮助他人。这学期，本班幼儿中有从以前小二班升班的孩子，还有以前上过中三班但年龄偏小的孩子，对这些幼儿的家长我们并不熟悉。因此，我们既要做家访工作，又要与新幼儿建立感情；既要帮助幼儿们尽快适应中班一日生活的节奏，还要根据幼儿的年龄特点，调整班级活动的区域材料，事情多且琐碎。班级的配班老师是新参加工作的年轻教师，虽然他们在工作中存在一些问题，但作为主班老师，我能体会新教师心里的焦灼与不安，理解他们的焦虑与手足无措。因此，我心里再着急，也时刻提醒自己要保持耐心。我希望通过我的努力，帮助他们找到有效的方法，也希望他们能够感受到：不管遇到什么困难，我都会站在他们身边给予他们所需要的帮助。

中午幼儿们入睡后，我组织教师们坐下来，请他们分别说一说自己发现的问题以及可以想到的解决方法。我们从晨检消毒开始，一个环节一个环节地梳理每个岗位在不同时间段的分工。我首先表扬了他们做得很好的地方，再针对需要改进的地方提出建议，帮助他们理解某些环节为什么要调整，请他们观察调整后的不同。慢慢地，他们对我越来越信任，遇到问题会先找我想办法，我们之间不再有距离感，班级的工作也在大家的共同努力下开展得越来越顺利了。

二、爱护孩子，要有"爱心"

刚开学时，我发现让每个幼儿都开心愉快并不是一件容易的事。从小二班升班那部分幼儿哭闹得很厉害，每当这个时候，我都会抱着哭泣的孩子，轻声细语地安慰，用故事、儿歌和游戏吸引他们，告诉他们上幼儿园是非常开心的事，以此缓解幼儿的分离焦虑。以前上过中三班的幼儿，年龄偏大也成熟些，但是，他们只愿意和自己认识的小朋友玩。我班的女孩子多多，特别爱哭，还会想一些花样来"找茬"：一会儿要找她的衣服，一会儿要睡觉，一会又要抱娃娃回家，甚至在上课时，她也会突然闭着眼睛放声大哭。看着她的样子，我一边深呼吸稳定自己的情绪，一边提醒自己：要有"爱心"！然后，我走向多多，问："你怎么了？""想妈妈！"多多一边哭一边说。"老师和你一起想妈妈！"我趁机顺势引导，教他们儿歌《快长大》，引导幼儿理解长大是件很快乐的事，又请年龄偏大的幼儿为年龄偏小的幼儿表演他们熟悉的儿歌和舞蹈。

一段时间后，幼儿们开始慢慢熟悉，在可爱的哥哥姐姐带领下，多多和一些爱哭的孩子们逐渐开心起来了。

三、对待家长，要有"耐心"

做好家长工作是主班老师重要的工作职责。记得有一天离园时，幼儿们纷纷拉着爸爸妈妈、爷爷奶奶的手，高高兴兴地和我说"再见"。当最后一位幼儿蹦蹦跳跳地走出教室时，我松了口气，心想：一天过去了，总算可以休息了。但当我回到办公室，小明的奶奶却怒气冲冲地领着孩子来到我面前。我连忙请她坐下，并安顿好小明，微笑着问："奶奶，发生了什么事呀？"见我态度如此温和，奶奶的怒色收起了不少，但还是没好气地质问我："我昨天看到不少小朋友拿到了小贴纸，我家宝贝没拿到，今天还是没有，难道是我家孩子没有上课吗？"搞清了事情缘由，我开始思考解决的方法。多年的工作经验告诉我，当遇到此类情况时，只有先摸准家长的心理，然后心平气和地沟通交流，才能解决问题。于是，我首先肯定了小明的优点，并列举了许多事例，听着听着，小明奶奶的脸上渐渐露出了微笑。接着我解释了"小贴纸"的意义及获得"小贴纸"的条件，小明奶奶也点头表示赞同我的观点。见时机成熟了，我委婉地讲出小明没有获得"小贴纸"的原因，并把小明叫到身边，鼓励他明天好好努力。临走时，小明奶奶对我说："老师，以后小明有什么不好的地方，您一定要指出来。对待孩子，一定要严格要求。"我握住小明奶奶的手，感谢她理解体谅老师。

现在，小明的奶奶每天来接孩子时，总是微笑着问我："今天我们表现怎么样？"小明进步了，我就以赞扬的口气加以肯定；小明表现不够好时，我也委婉地指出不足。小明奶奶总是积极地配合我们的工作，她的肯定与支持也激励着我们更加努力地工作。

给小班幼儿讲故事

安　静

从事教育教学工作十余年来，在大家支持和自身努力下，我在教育教学工作中取得了一些成绩和经验。为了帮助年轻教师更快地做好教育教学工作，我也很乐于把自己的经验传授给他们。下面就是我指导年轻教师如何给小班幼儿讲故事的案例。

有一天，户外活动结束后，幼儿都回到教室，开始小便、洗手、喝水。休息一会儿后，他们都回到了自己的座位上。这时，我们班的一位年轻教师开始讲故事。

开始，幼儿都能乖乖坐在座位上听故事，但过了一会儿，我发现一些幼儿开始说话、东张西望，还有的甚至离开座位去玩玩具了，场面混乱。面对这种局面，年轻教师有些不知所措，故事也讲不下去了。看到这里，我便随手拿起一个小手偶，走到幼儿中间，接着她的故事讲了起来。我一边绘声绘色地讲，一边晃动着小手偶。很快幼儿说话的声音渐渐小了，注意力也逐渐集中起来，都安静地坐在座位上，直到故事结束。

通过上面这个案例可以看出：对年轻教师而言，尽管学习了不少书本上的理论知识，但由于刚参加工作，还不知道怎样把这些理论转化到实际工作当中去，特别是把握不准不同年龄段幼儿在语言领域的发展特点和目标，不知道怎样选择适合这个年龄段幼儿的故事。

因此，我利用午休时间与这位年轻教师就上午讲故事的事情进行了沟通。我首先让她说了自己的优点和不足，接着又告诉她哪些方面应该注意提升，例如在语音、语调、表情、动作方面可以丰富一点。

然后我带着她一起学习了《3~6岁儿童学习与发展指南》语言领域中小班年龄段的主要目标的具体内容，强调针对3~4岁的小班幼儿，应该选择内容单纯、情节简单、充满童趣的故事，用反复、灵活使用象声词等方法来配合幼儿的"胃口"。

我还告诉她，尽量使用儿童化、生动多变的语言给幼儿讲故事，声音、表情、动作要夸张一些。例如，表现灵巧的小动物（兔子、猴子、松鼠等）说话时，可以用爽快、干脆的语调，声音尖一点，节奏快一点、体现它们的聪明、灵巧;表现迟钝、大一点的动物时,可用慢一点的节奏,粗一点的声音,体现它们的憨实。小班幼儿的注意力容易分散，针对这一特征，我们可以利用手偶、图片、音乐等教具，配合动作讲述故事，集中幼儿的注意力。

从此以后，每次这位年轻教师讲故事之前，我都与她一同确定好故事内容，共同研究讲述方法，听一次，评一次，进行针对性地指导。功夫不负有心人，她现在已经成为一名深受幼儿喜爱，善于讲故事又自信的小老师了。

班级幼儿管理故事

让幼儿自制有趣又有爱的"公约"

杜艳丽

班级生活中，幼儿之间难免会发生一些磕磕碰碰的事情，时不时会有幼儿到教师面前"告状"。针对这种状况，我和幼儿开始一起制订班级规则，并引导他们商讨如何统一遵守规则以减少摩擦。可讨论一会儿以后，有幼儿提出问题，说这么多规则，记不住。于是杉杉小朋友就说我们可以把这些规则画出来。我说："这个办法不错，不过，用什么图形由你们自己决定。"幼儿们经过一番热烈讨论，最后选了很多有趣又有代表性的图形来表示各种规则，如：

"床"代表午睡睡得香。

"书本"代表爱护图书，把图书送回家。

"嘴巴"代表轻轻说话。

"椅子"代表放好小椅子，轻轻搬椅子。

"脚"代表轻轻走路。

……

在以往的常规教育中，教师总是习惯告诉幼儿什么该做，什么不该做，幼儿只是被动地接受。而我们采取制订班级公约的形式，实现了幼儿的自我管理。

在制订班级公约过程中，我们主张一个"公"字，就是让幼儿成为公约制订和调整的主要责任人。

在具体实施这些凝聚了教师和幼儿集体智慧的班级公约过程中，我们强调一个"约"字，即体现出公约的持久性、人文性、平等性和发展性。这就首先要求教师做到坚持到底，不能想到才用，更不能朝令夕改，否则公约就会丧失威信；其次，在公约面前，保证每个幼儿都平等，教师任何时候都不能偏心，公约才有说服力；最后，鼓励幼儿轮流当小老师，大家互相监督，相互提醒，强化自觉遵守公约的意识，争当守公约的幼儿。

当然，公约的实施必须根据幼儿实际情况采取人性化的处理办法，不能一概而论。比如，让幼儿根据各自饮食习惯自主选择饭量的多少，鼓励他们"吃完自己的饭菜，不浪费"；根据幼儿自理能力和差异提出不同的自我服务要求，尽量使他们做到"自己的事情自己做"。等幼儿熟悉了这些规则后，教师再带领幼儿将公约向纵深发展，提高要求。

公约中的每一条规则都要求每个人必须遵守，而且与幼儿的能力相符，能对幼儿产生积极的引导作用。

我们每周都会推选两位"小小管理员"，他们不一定是执行公约最好的幼儿，但一定是进步最大的幼儿。比如这一周被大家推选的"节水小能人"，下一周就可以当选管理员，对大家的用水情况进行监督、管理，并发现小朋友进步的地方。在每周五的班级评比中，这些进步都可以成为推荐下一周"小小管理员"的理由。这样，幼儿在管理他人的同时也不断强化了自己的正确行为。

有些公约条款对细节要求较高，如果幼儿未能完全理解，就需要教师运用巧妙的手段帮助幼儿掌握。比如，"物归原位"这一项要求的完成情况总是无法令人满意，于是，大伙又聚在一起就"有什么好办法能提醒大家做到物归原位"展开讨论。幼儿纷纷献计献策，最后决定利用小图片制作提示卡，粘贴在需要提醒的位置，等幼儿都养成了物归原位的习惯，再逐渐撤消标志。

此外，公约也离不开家长的合作和支持。为了督促幼儿在家里也执行公约，我们首先将公约以文字的形式告知家长，并请家长提出建设性的意见，进一步完善内容。之后，我们定期与家长联系，及时了解幼儿动态和公约在家庭中的执行情况，并根据幼儿在园的表现进行反馈、分析，家园一起督促幼儿执行班级公约。

总之，公约的制定和施行，对提高幼儿管理意识和自我管理能力有着积极作用，的确是一项很有意义的尝试。

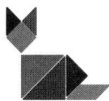

引导幼儿自我管理

周晨红

引导幼儿遵守班级常规是班级管理的重要一环。只有幼儿主动遵守规则,班级常规才能顺利实施,班级才会井然有序。可如何制订规则?制订哪些规则?怎样督促幼儿遵守?如果这些问题得不到解决,常规的执行永远是难题。

我们发现,与其让教师单方面制订规则,不如让幼儿自己也参与到常规的制订过程中。幼儿平等参与常规制订,不仅能够引发他们思考,还能逐步引导他们学会自我管理。

例如,幼儿经常在教室里跑动,容易出现磕磕碰碰,不仅增加了受伤的风险,也容易引发争执与矛盾。为了解决这个问题,我们专门组织幼儿讨论怎样让大家自觉遵守不跑、不打闹的常规。他们参与热情非常高,纷纷出主意、想办法,制定了许多规则,如不能追跑、踢人等等,并且将规则用他们能看懂的标志来形象表达。现在,教室里到处都贴着容易辨识的安全标志,幼儿只要看到标志,就能够提醒自己遵守自己制定的规则。也许在成人眼中,这些规则显得很"小儿科",但因为这是幼儿自己制定的规则,他们能理解并且觉得合理,因而也更愿意遵守。

当然,制定规则后,教师还要督促并引导幼儿严格执行,给予幼儿练习与实践的机会。幼儿对规则的内化与把握是在一次又一次的实践中完成的,反复实践能强化幼儿的规则意识,帮助幼儿逐步养成良好的班级常规。例如,我们在制定了"不跑、不打闹"常规并告诉幼儿如何实施规则后,幼儿便会自动相互督促,无需教师过多干预和管理,最后，只需给幼儿提供足够的实践机会，他们就能在活动中掌握规则。

实践证明，在执行规则方面，幼儿自己想出的主意往往比教师提的建议更有影响力，更容易被遵守。因此，让每个幼儿都有机会主动参与制订规则的效果，要远远好于要求幼儿被动执行规则。

穿衣有招

曹　璐

　　春季开学后，天气依旧很冷，幼儿都穿着好几件厚厚的衣服。于是，午睡时间帮助幼儿穿脱衣服就成为令教师头疼的一件事。午睡时，一到睡眠室，幼儿就忙碌开了：有的幼儿自理能力强，还能帮助别人拽拽衣袖；有的只是在床上磨蹭，也不着急；还有的更是借机和旁边的幼儿打闹嬉戏……现场情况一团糟！起床的时候更热闹："老师，您帮帮我！""老师，请帮帮忙！"……很多声音同时从四面八方传来，每一张红彤彤的小脸上都流露出求助的神情。这时候教师往往手忙脚乱，真恨不能长出三头六臂。

　　这个学期开学不久，我就对这个现象进行了反思：给幼儿穿衣服固然是种照料，但难免会养成他们衣来伸手的习惯。幼儿虽然年龄小，自理能力不强，但一定有方法可以引导他们自主穿衣。

　　经过一番商议，我们想出了一个办法。这一天，在幼儿起床后，我们故意对幼儿的求助"视而不见"。果然，不一会儿，有的幼儿就不再等待，开始试着自己穿衣服。结果让我们大吃一惊，原来除了个别幼儿因为衣服太多，实在穿不进去以外，大部分幼儿都能够自己穿好衣服。

　　幼儿都穿好衣服后，我们隆重表扬了衣服穿得又好又快的幼儿，并且在下午给予了他们奖励。其他幼儿顿时信心倍增，一个个都信誓旦旦地说自己也会穿，也要得奖励。看到他们的自主性被激发出来，我们心里也非常高兴。

　　几天以后，幼儿基本都掌握了穿衣要领，但是由于穿的衣服较多，完全由幼儿独自穿好难度很大。于是，我们在少干预的前提下，鼓励幼儿相互合作把衣服穿好，以培养他们团结协作、互帮互助的精神。

从那以后，每到睡前与睡后，睡眠室里都是一片热闹红火的景象，帮着拉袖子的、扣纽扣的、掏袖子的，孩子们忙得不可开交，"请帮帮我""谢谢你"等声音不绝于耳。我们不禁感叹：四岁幼儿竟有如此精诚合作的精神，咱们成年人真自叹不如啊！

理论上，两岁的幼儿就有独立穿衣的愿望，三岁的幼儿已经具备独立穿衣的能力。但是，为什么现在很多幼儿到了六岁还不会自己穿衣服呢？这其实都是"心软"惹的"祸"呀。

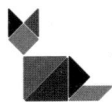

快快乐乐叠衣服

付聪颖

天气变热后，每次做完操，很多幼儿都会因为出汗脱掉外套，并按教师的要求把衣服放在箱子里面。可当我检查箱子时，却发现好多幼儿根本不叠衣服，只是将衣服胡乱揉成一团放在里面就算完成了任务。看着一团乱的衣服，我心想：怎样才能让他们快速学会叠衣服呢？

小班幼儿年龄小，自理能力和动手能力都有欠缺。但是，叠衣服对幼儿来说是每天重复的活动，只要坚持就一定能养成习惯。对已经具备一定折叠衣服经验的幼儿，可以给他们提供新的探索需求刺激，比如让幼儿探索折开衫、带有帽兜的衣服和厚外衣的方法，进一步提高他们的动手能力。

让幼儿学会折叠衣服并不是活动的终点，更不是最终目的，而是给幼儿提供积累生活经验的机会，同时让幼儿在积极探索的过程中充分认识自己的能力，逐渐产生自信。只有这样，才能让幼儿逐渐摆脱依赖，走向独立，真正"学会生活"。

如何教幼儿"叠衣服"呢？我们在思索、讨论后采取了以下办法。

一、逐步引导幼儿学习自我管理，减轻教师负担

生活管理是班级管理的基础，是幼儿教育工作的前提。如果生活管理没做好，难免出现孩子闹、家长怨的情况。所以，引导幼儿逐步学习自我管理，充分发挥幼儿的主观作用，对建立良好常规有事半功倍的作用。

在日常生活管理中，幼儿不仅能自己做很多事，而且能够做好，可教师却全包办代替了。幼儿园教师要善于开动脑筋，在工作中探索

巧妙的方法激发幼儿自我管理意识。我们通过拟人化、游戏化的方式让幼儿快速掌握叠衣服的要领，告诉幼儿叠衣服时，让衣服"伸伸臂"（将衣服拉平，两只袖子向外拉直），再"拍拍肩"（将两只袖子向内叠），再"弯弯腰"（将衣服对折整齐）。

让幼儿自己叠衣服，既锻炼了幼儿自己动手的能力，培养了良好的生活习惯，又切实减轻了教师的工作负担。随着幼儿自理能力、自我保护能力的不断提高，教师的管理工作也相应减少了。

二、抓住幼儿心理，选择灵活、有趣的教学方式

在实践中，我发现记忆具体形象的东西更符合幼儿的思维特点，而且幼儿对富有童趣的语言、极具美感的物品特别感兴趣。教师只要抓住幼儿的心理，运用生动有趣的游戏化教学手段，让幼儿在快乐无压力的氛围中学习，并给他们创造动手的机会，一定会产生特别好的学习效果。我们用小班幼儿喜爱的儿歌形式帮助幼儿掌握叠衣服的方法，教幼儿一边叠衣服一边唱："弯弯弯，弯左手，弯弯弯，弯右手，点点头呀弯弯腰，咕噜咕噜变枕头。"这样的语言特别有趣、形象，符合幼儿的年龄特点，能充分调动幼儿主动参与和操作的积极性，使幼儿在轻松自然的气氛中迅速掌握技能,这在某种程度上也体现了"寓教于乐"的原则。

通过教幼儿叠衣服，不仅提高了幼儿动手能力、自理能力，也减少了教师很多不必要的管理行为，对形成班级良好常规很有帮助。

关注幼儿的小改变

安　静

《3~6岁儿童学习与发展指南》（以下简称"《指南》"）中明确指出：要充分理解和尊重幼儿发展进程中的个别差异，支持和引导他们从原有水平向更高水平发展，按照自身的速度和方式到达《指南》所呈现的发展"阶梯"，切忌用一把"尺子"衡量所有幼儿。

幼儿是一个个活生生、富有个性的生命主体，有自己的需要与尊严，都希望能得到教师的关注与肯定。因此，在师幼沟通中，教师应该懂得尊重幼儿的个性，欣赏个性独特的幼儿。

记得在一次音乐教育活动中，幼儿都对《摇啊摇》这首柔和的歌曲感兴趣，就连平时最不听话、对唱歌不屑一顾的胃胃也兴奋地跟着我弹奏的钢琴旋律，用粗粗的声音唱了起来。这时候，豪豪站起来说："胃胃唱得真难听，又响又粗，钢琴的声音我都听不到了，别唱了！"这时，我发现胃胃撇了撇嘴，似乎要与豪豪作对似的，唱歌的声音更大了。

我心想，难得不爱唱歌的胃胃今天这么乖，可不能让豪豪的话影响了他对唱歌的兴趣呀！可是，豪豪讲的也没错，胃胃的声音确实不适合唱这种轻柔、舒缓的乐曲，怎样才能让他唱得柔和些呢？或许，可以让他自己去感受。

于是我先让全班幼儿安静地听我清唱，然后再让他们跟着我的琴声轻轻地唱。当然幼儿不可能一开始就会放轻音量，于是，我说："这首歌听起来又轻又慢，感觉有点像摇篮曲，以后要是有小弟弟小妹妹要你们哄他们睡觉，可以唱这首歌哦！"

幼儿一听，都来了兴致，他们争着说："我也会唱摇篮曲！""那我们再唱一遍，记得是哄小宝宝睡觉时唱的哦，想想唱歌的时候声音应该怎么样呢？"打铁要趁热，我马上要求幼儿再唱一遍这首歌曲，果然，胃胃唱歌的声音虽然还是粗粗的，但音量已明显下降了一些，在全班合唱中不再显得那样突出了。于是我及时表扬了胃胃，鼓励他继续努力。这时，我看到胃胃脸上露出了灿烂的笑容。

后来，在课后自我反思时，我对自己的做法还是有点不满意，认为胃胃完全可以唱得再轻柔一些。但再仔细一想，每个幼儿的声线都是不一样的，不应该用同一标准来要求他们。胃胃已经有改变了，虽然不明显，但可以感受到他的用心。幸好当时我并没有继续要求他再把声音唱柔和点，没准那样做，还会引起他的逆反心理，导致前功尽弃。

通过这件事，我深深体会到，作为幼儿教师的我们一定要关注幼儿的每一点变化，因为幼儿都喜欢别人表扬他、肯定他。抓住幼儿这一特点，多关注幼儿的优点，并及时给予鼓励，增强他们的自信，让他们愿意在集体中表现自己，会更有利于他们的成长。

坏脾气的浩浩

樊亚楠

浩浩是一个很个性、又很好动的小男孩。记得第一次见到他时，其他幼儿都和教师玩互动游戏，他却不停地走动，一会儿摸摸这儿，一会儿敲敲那儿，就没有闲下来的时候。他的姥姥跟在他身后，拉也拉不住，管也管不了，一脸无奈。

正式入园后，浩浩身上的问题就更严重了。有一次放学，家长陆续来接孩子，在一半孩子被接走的时候，浩浩姥姥匆忙赶来了，我微笑着喊道："浩浩，姥姥来了，快走吧。"在我将他的手放到姥姥手中时，浩浩突然大发脾气，冲着姥姥又打又叫，又蹦又跳，不肯跟姥姥回家。姥姥对他无可奈何。我连忙将浩浩拉开，问他怎么了，安抚他的情绪时才知道，就是因为姥姥来晚了，没有第一个将他接走，所以才发脾气。

还有一次，班里美术活动，浩浩画得特别棒，我当着全班幼儿的面表扬了他，夸赞他画得很有创意，而且告诉他，晚上可以将作品带回家，让爸爸妈妈也看看自己的作品。晚上，浩浩姥姥来时，我对浩浩姥姥说："今天孩子画得可好了……"话音未落，就听到董老师大声地说："浩浩你在干什么？"我连忙回头，看到浩浩从空调后面跑回自己的座位，双手抱臂，嘴巴噘得老高。董老师从空调后面捡起一团纸说："他把自己的作品撕了，揉成球扔了。"我走过去问为什么，他说："我不要给妈妈看。"等浩浩让姥姥接走后，我给浩浩妈妈打了电话，浩浩妈妈说："孩子在家就时不时地闹情绪，一不称心就发脾气。"

浩浩不仅对姥姥、妈妈发脾气，和其他幼儿相处也总是有那么一点不和谐。浩浩初入园时特别好动，不仅上课注意力不集中，经常动动这个幼儿，踢踢那个幼儿，还经常把不愉快全归结为其他幼儿的错。在与家长的沟通中，浩浩妈妈也曾说："浩浩说他旁边的小朋友打他，请老师多关注。"

通过观察浩浩和其他幼儿相处的情况，我们发现，浩浩大多数时候言语不多，但性子比较急，经常是动作多于言语。

经过与浩浩妈妈的深入交流后，我们发现，家长的做法也存在一些问题，比如每天回家，家长都会问浩浩"今天在幼儿园怎么样呀？有没有人欺负你呀？"等诸如此类的问题。虽然家长是关爱孩子，担心孩子受欺负，但这种带有指向性的问题很容易误导幼儿。

针对这一情况，我们和浩浩妈妈进行了坦诚交流："孩子们总在我们老师的眼皮底下，浩浩所谓的'打'，有时只是他们之间的互动方式，你推一下我，我拉一下你，不像浩浩说的那么严重。另外，我们应该正向引导孩子与其他孩子交往，而不是纠结于是哪个小朋友和孩子发生了不愉快，这样容易引导孩子关注负面情绪。"通过沟通，浩浩妈妈了解了浩浩的情况，答应配合我们，一起帮助浩浩提高与同伴交往的能力。

果然，现在的浩浩有了很大的进步，告浩浩状的幼儿也变少了。这件事告诉我们，在幼儿教育过程中，争取家长的配合和家庭教育的支持是非常必要的，只有家园共育，幼儿的成长才更有保障。

让幼儿有自由创作的机会

边 硕

　　无稿剪纸是创意剪纸美术探索游戏，它在民间剪纸的基础上，融入幼儿园美术教育，即儿童不用铅笔画稿，不需拓印和摹稿就可以进行。在这种自主探究的学习过程中，幼儿不仅能享受创作过程，还能锻炼思维能力。

　　我园开展无稿剪纸活动以来，我在教学过程中对无稿剪纸也有了新的认识与感悟，逐渐改变了往日千篇一律的死板教法，懂得了在认同幼儿发展差异的前提下引导他们自由创作的重要性。

　　这天，我班开展了剪"停车场"的剪纸活动。当小朋友们都兴奋地拿着小剪刀剪停车场中的不同设施时，只有婉怡一会儿拿起剪刀看看，一会儿又抬起头，显得很无助。于是我走过去关心地问她："婉怡，怎么了？""我不会剪。"她一边说一边委屈地哭泣起来。"别着急，你先想想你见过的停车场都有什么？""有车。"她说。"那车长什么样子？是什么形状的？"看她没有说话，我给她出示了一张车的图片，让她观察车子的外形。

　　"试着剪一剪，大胆点，剪坏了没有关系的。"虽然有我的鼓励，婉怡仍不敢动剪子。在我不断鼓励下，她开始尝试剪纸，只是每剪一下，都要看看我。我想，她是太不自信了！"你行的，大胆地剪。"在我的鼓励下，她终于投入到活动中。事后我问婉怡："你为什么不敢剪呢？"她回答道："我怕剪得不好，剪得不像。"

　　幼儿的这番话深深触动了我，让我对这项活动有了新的认识与反思，即幼儿知识的建构不是在短时间内完成的，它需要一个循序渐进的过程。幼儿之所以哭泣，不敢剪，是由于缺乏自信心，怕剪错、剪不好。这其实也反映出我们成年人对于幼儿作品的衡量标准有些单一，往往是剪得"像"就是好，"不像"就是不好，殊不知想象力、自信心、创作自由对培养幼儿剪纸的兴趣才是最重要的。

　　幼儿需要的是一个完全自由的空间，我们平日不能一味要求幼儿创作得"像"，不能将自己固有的想法强加给幼儿，剥夺幼儿的自由。而应该鼓励幼儿在不断尝试错误的过程中寻找解决问题的有效方法，帮助幼儿发现矛盾的症结。我们需要"等待"，需要"慢一拍"，抑制想直接给予提示的冲动，让幼儿有珍贵的"自由"发挥的机会。这才是学习的目的和意义所在。

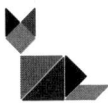

如何管理幼儿情绪

雷　欧

　　开学一个月来，幼儿的情绪稳定性和有意性进一步增强，能够产生比较稳定的情感，也有了一定的控制能力，并能运用语言来表达情绪。同时，根据我们的观察，幼儿情绪反应的社会性也得到加强，尤其希望得到他们心目中的权威人物的重视，渴望与同伴游戏并建立较为稳定的友谊。在这一时期，他人的态度表现会直接影响幼儿的情绪反应，成人的表扬会令他们欣喜、高兴，同伴的拒绝会让他们情绪低落。

　　比如，上个星期乐乐的情绪就出现了一些小状况。她上午在幼儿园还能开开心心地和其他幼儿一起活动、游戏，但是快放学时总会找些小理由让家长早来接，闹些小情绪。

　　针对这一情况，我立刻和乐乐妈妈进行了沟通，并以照片和视频的形式让乐乐妈妈了解幼儿在园的情况，好让家长放心。

　　在解决了妈妈的担忧之后，我找了一个乐乐很放松的时机和她边拼图边聊天，我问她："喜欢来幼儿园吗？"她毫不犹豫地点了点头。我接着问："那你有什么不开心的事吗？"她想了想，拿起一块拼图摇了摇头。我又问道："吃饭也没有什么问题吧！因为你一直都吃得挺棒的。"她听完开心地看了我一眼，然后很自然地说："嗯，就是有时候有点吃不了。"

　　听了这句话，我推测可能是在进餐方面存在一些问题。乐乐的自尊心很强，虽然我们不会指责她剩饭，但她自己不能接受出现这样的情况，她受不了其他小朋友笑话她。因此，乐乐有些伤自尊心了，出现了焦虑。

找到问题的症结后，我及时和乐乐妈妈进行了沟通，让她了解一下乐乐吃饭的问题，也向她询问了乐乐在家进餐的情况。从那天开始，我们会主动问乐乐的进餐需求，根据孩子当时的情况分餐，并且在乐乐吃完饭后及时给予鼓励和表扬。在我们的关怀下，乐乐的情绪果然好多了。

中班后期的幼儿总体来说情绪稳定性较好，他们喜爱和同伴一起游戏，能从容应付日常生活中出现的新情况，也开始懂得关心同伴，学习管理自己的情绪并有了自尊心。例如，上课的时候，当我的语气有变化时，幼儿会有所改变，正打闹的幼儿会马上坐得端端正正，还会举手回答我的问题，希望得到我的表扬。

在保护他人情感方面，中班的幼儿已经表现出明显的亲社会倾向，他们对父母和同伴的感受非常敏感，并会根据对象的感受调节自己的情绪表达，会决定表达或者掩饰自己的真正情绪，还会意识到消极情绪可能会对他人造成伤害。幼儿情绪表现的方式也开始多样化，如用语言、图画、音乐、舞蹈等来表达自己的各种情绪、情感。

在这一阶段，幼儿情绪理解发展进入成熟期，他们的情绪体验也会很丰富，既有积极情绪，也有消极情绪，还有混合情绪。幼儿对情绪的理解也已经比较全面，不仅对高兴等积极情绪具有较好认知，对吃惊、伤心等消极情绪的认知也比上一学期有了质的飞跃。当然，相对而言，他们对高兴、伤心、好奇的识别较好，而对害怕、讨厌和生气的识别较差。

幼儿的情绪是很重要的，我们应该认真仔细地观察每一位幼儿，耐心、细心地照顾好他们的生活与情绪，让他们在幼儿园能够真正做到身心健康发展、开心快乐每一天！

我的柜子我做主

付聪颖

进入大班后，每个幼儿都有了属于自己的柜子，一格一格的柜子特别干净整齐。分到柜子之后幼儿们很开心，他们喜欢在里面放一些自己的小物品，如玩具、蜡笔、贴纸等。刚开始，幼儿的物品还比较少，小柜子的容量对他们来说已经足够了。但随着时间的推移，幼儿带来的东西越来越多，原本干净整齐的柜子变得凌乱起来，一个个都成了他们存放杂物的"仓库"。

出现这样的情况，是由许多方面原因造成的。首先，家长平时包办幼儿事务，使幼儿缺乏锻炼。其实家长应该放手，而不要以时间来不及为由，剥夺幼儿整理自己物品的机会。其次，柜子是否干净整齐没有引起教师和幼儿的足够重视。大家认为柜子只是给幼儿存放玩具的，干净与否并不是什么大事，因此在思想上和行动上出现了不关心、不过问的情况。最后，幼儿能力有限，缺少自己整理柜子的好方法。

其实，整理柜子也不是小事，对培养幼儿整洁卫生的习惯很有帮助。因此，我们采取了以下办法让幼儿主动学会整理自己的柜子。

一、重视问题，引起关注

一天午餐后，我给幼儿看了一些照片，都是柜子里物品凌乱的场景，很快，幼儿们就自发议论了起来。

通过照片展示与讨论，引导幼儿自己发现问题，集思广益，提出整理箱子的建议。讨论中我发现，其实不少幼儿知道该怎么做，但是由于在家中父母祖辈们总是大包大揽，不让幼儿动手，幼儿就懒惰了起来。

接下来的几天，我发现幼儿渐渐有了整理柜子的意识，可是好现象没有保持多久，柜子很快又回到了之前的杂乱状态。

二、强化意识，定期检查

针对幼儿不能保持柜子整洁的问题，我进一步采取了强化措施。我和幼儿一起收集了一些空的餐巾纸盒，用剪刀将纸盒上面的盖子剪掉，使其变成一个可以容纳小物品的方形小盒子，给那些零散的小物品提供了专属空间。这个方法不仅可以让柜子保持整齐，还让原本要扔进垃圾桶的废物得到了再次利用，可谓一举两得。

除此之外，我还在值日生的工作任务卡上加上了"检查柜子"这项任务。值日生如果发现哪个幼儿的柜子没整理好，就要提醒他；必要时，值日生还可以给他提供一定的帮助。

三、开展评比活动

长期保持柜子的整洁有序，需要幼儿具有耐心与恒心。为了让幼儿养成主动整理物品的习惯，我决定采取不定期评比、及时奖励的方法。评比时，我在征得幼儿同意后，由他们自己参与组织评比，全体幼儿相互参观，评出班级中最干净、最整洁的柜子，并对该柜子的主人给予鼓励和奖励。通过评比活动，大大增强了幼儿及时整理柜子的主动性，也培养了幼儿爱惜物品的习惯。

四、家园配合

《3～6岁儿童学习与发展指南》中强调，要营造温暖、轻松的心理环境，让幼儿保持安定愉快的情绪；要以欣赏的态度对待幼儿，与幼儿沟通时要处处渗透"尊重意愿，满足需要"，凸现幼儿"自主、自信"的主体精神。所以，我们提倡让幼儿自己建立规则，寓教于日常生活之中。

虽然幼儿在幼儿园养成了整理物品的好习惯，但在家里，他们也能将自己的玩具和用品整理干净吗？我们在家长会上介绍了培养幼儿整理自己柜子的经验，建议家长在家中也要求幼儿将玩具和文具分类摆放，让好习惯长久保持下去。

我们相信，长此以往，幼儿一定会喜欢整理自己的东西，养成干净整齐的好习惯，为以后进入小学打下良好的基础。

音乐的魔力

王　娇

带过小班的教师往往都有这样的经历：区域游戏开始时，幼儿们会把喜欢的玩具一股脑地搬出来，铺满一桌子；游戏结束时，教师一遍又一遍地说"收玩具了"。可结果呢？教师嗓子都喊哑了，玩兴正浓的幼儿却没有反应，似乎根本没听见。

如果天天这样收玩具，就浪费了其他活动的时间，而且教师也会很累。究其原因，一是小班幼儿受年龄限制，在自我约束和自我管理方面能力较弱；二是他们在家中很多事情都是由家长代办，没有收拾玩具的意识；三是他们在少有约束的环境中长大，没有养成规则意识。

与人的说话声音相比，对幼儿而言，美妙的音乐更具有吸引力。很多人见过这样的场景：幼儿听到音乐的时候，都会不由自主地随着节奏扭动或安静下来。这说明，音乐更能打动幼儿的心灵。于是，每到收玩具的时候，我会先播放幼儿熟悉的音乐，借助音乐的魔力提醒幼儿游戏时间结束了，该将玩具收好放回柜子了。

这样两次下来，当我们再播放音乐的时候，幼儿已经不用教师提醒便开始主动整理玩具，他们还会互相提醒"收玩具了"。初见成效后，我们又在自由活动、户外活动等环节为幼儿选择了不同音乐作为结束的信号，让他们在音乐的熏陶中慢慢树立规则意识。

除了借用音乐，在小班的常规培养中，教师还可以根据幼儿的年龄特点，充分发挥幼儿的主观能动性。

一是通过树榜样进行正面教育。模仿是幼儿学习的重要方法，尤其是小班幼儿，更喜欢模仿。如果挑几个规则意识强的幼儿，为其他幼儿树立学习榜样，往往能带动全班幼儿一起向他们看齐，养成良好习惯。

二是采用儿歌等形式培养良好的常规。将常规编成儿歌，能够帮助幼儿理解规则的具体内容和要求，增强记忆与理解，促进常规培养。

三是在游戏中对幼儿进行常规培养。如组织幼儿玩"找朋友"的游戏，引导他们认识分属自己的标记，并找出带有自己标记的"朋友"。通过游戏，使幼儿很快记住了自己的标记，学会找自己的杯子和毛巾。

总之，对小班幼儿来说，培养常规十分重要，它关系到幼儿的全面发展以及班中活动正常有序地开展。作为教师，我们应该多用耐心、爱心和智慧让日常工作管而不死、活而不乱，引导幼儿在轻松愉悦的环境中自然而然地养成习惯，建立规则意识。

让幼儿探索材料的使用

梁 烨

这天吃过早饭后，幼儿陆续选择自己喜欢的区域游戏玩了起来。小宇走进了绘画区，有意识地拿起罩衣，找我帮他系罩衣的带子。我一边给小宇系带子，一边问小宇："你今天想画什么呀？"他犹豫了一下，看了看材料柜上的颜料说："梁老师，我想画水粉画！"我尊重了他的选择，让他自己准备好需要的工具材料。

工具材料准备好后，我帮他挤出颜料，看着他画水粉画。小宇先是在水粉纸中间画了一个小朋友，头上还加了一道圆圆的弧线。我发现他画得有些与众不同，好奇地问他为什么这样画，他说这是小朋友在太空，穿着太空服呢。

画完主要人物后，我引导他添加一些背景，但他不知道用什么颜色背景好看，用什么笔涂色能快点。于是我引导他先回忆以前看过的图片中太空是什么颜色，他说是深色的。接着我又让他大胆想象太空中有什么，他说有星星和月亮，说着他就换了黄颜色画出星星和月亮。然后我又让他试着把背景涂满。在涂背景之前，旁边的小朋友提示他用彩棒涂会快一些，于是他果断取了黑色的彩棒，开始涂了起来。涂着涂着，他放下彩棒，对我说："梁老师，我不喜欢这支笔，它涂色一点都不快，也不均匀。"我看着他的画说："这纸上有很多小圆点点，里面是白色的，你知道这叫什么纸吗？"他摇了摇头。我又问他："这种纸和其他纸有什么区别？"他说："这纸厚，上面有许多圆点点。"我说："没错，这纸的名字叫水粉纸，有专门配合它一起画画的笔，叫水粉笔。"我笑着对他说："小宇，你可以试试别的笔呀！"他想了想，拿起了水粉笔，蘸了一些黑色颜料，涂了一会告诉我说："梁老师，这支笔涂色很快也很均匀！"我说："你真棒，又发现了一种新的涂色工具，不仅涂色快，还能涂均匀。"

通过这次绘画，我让小宇了解了不同绘画材料之间的区别。在区域评价时，我还特意请他把这个小经验分享给了其他幼儿。

尊重儿童思维发散、喜欢想象的特点，激发幼儿想象创造是儿童自由美术创作的核心。只有让幼儿通过观察、尝试、迁移经验等方法自由想象、自定主题、自主选取材料并大胆表现，他们才能从美术创作中真正体会到自由的快乐，使想象力得到充分发展。水粉绘画不但让幼儿感受到了材料的多样性与纸张不同的质感，还大大增加了幼儿的探索欲望，满足了幼儿爱挑战的心理特点。比如小宇通过尝试，发现大面积涂色还是用水粉笔更快，而且更均匀，于是放弃了同伴一开始推荐的彩棒。

《3~6岁儿童学习与发展指南》提出"关注幼儿学习与发展的整体性"，"创造机会和条件，支持幼儿自发的艺术表现和创造"。在上面这个案例中，我正是按照《指南》的要求，引导孩子画出了太空背景。首先我让他回忆已有经验，然后从一个具体的形象看起、说起、想起，继而画出相关联的内容。

这次绘画，带给我很多启发：为了发展幼儿的创造性想象，我们要了解并倾听幼儿艺术表现的想法或感受，领会并尊重幼儿的创作意图；绘画之前要先让幼儿认识并学会使用相关工具，从幼儿的实际水平出发，引导幼儿通过尝试、对比，选择自己认为较合适的工具进行绘画；最后还要让幼儿将自己的经验分享给大家，进而深化教育成果。

假期见闻之口头作文

姜　琳

暑假期间，班里很多幼儿跟着家长到各地游玩。小马的妈妈还给我发微信说，她利用暑假的时间带孩子去了不同的地方，领略了不同的景色，有大海、沙漠、高山，孩子很感兴趣，也增长了见识。

开学后，我们让幼儿把假期游览期间拍的照片带到幼儿园，和小朋友分享交流。在讲述的过程中我发现，幼儿只能将照片中的事情做简单介绍，不能对具体的内容和情境进行描述，语言不是很丰富，词汇量也比较少。于是我想，不如趁机让幼儿将自己的想法说成口头作文，由家长帮助记录下来。

幼儿口头作文，就是用说话来代替写作的一种练习，是一种作文形式，幼儿通过口头叙述，有中心、有条理地讲述一个生活片段、一种情境或说明一个问题，将自己的生活及心理活动叙述出来。因为每个幼儿都有较强的口头表达欲望，作为教师和家长，我们应当抓住出游这个好机会，引导幼儿大胆地说出自己的感受。幼儿口述的过程就是一种回忆提升的过程，一种消化理解的过程，一种学习探索词语的过程，一种发现观察记忆的过程。

我尝试着将这个想法说给了小马妈妈，立即得到了她的积极响应。根据小马妈妈的反馈，开始表述时，小马还不会加入多少形容词，但是经过反复练习后，他慢慢学会用优美的词语来丰富自己的口头作文了。

有了小马的经验基础，我将这个做法推广到全班幼儿的口头练习中，并指导家长帮助孩子练习。

首先，我对家长强调说，口头作文的内容应选择生活中的真实情景。家长先和孩子讨论交流，让幼儿回忆当天的经历，在脑海里把当天的活动过程回放一次，然后用语言表述出来，讲述事情发生的时间、地点、人物以及自己的感想体会，由家长把幼儿讲述的内容整理为书面文字。

其次，我告诉家长，我们不要求幼儿能够出口成章，而是要培养幼儿的表达兴趣，这是一个学习的过程。因此，孩子怎么说，家长就怎么写，记录孩子自己想说的话，爱说的话，不做任何修饰，然后将记录的内容念给孩子听。因为这些内容写了幼儿想写的情景，说了幼儿想说的话，贴近幼儿的现实生活，抒发了他们内心的真情实感，所以，幼儿听了会很高兴，激起再次讲述的兴趣。

最后，请幼儿将家长写的口头作文拿到幼儿园。我们会表扬鼓励幼儿，并进行展示，让他们互相欣赏。这时幼儿会非常自豪，会有一种成就感，这有利于幼儿树立自信心。

练习一段时间后，幼儿的想象力和口头表达能力都有了一定提高，部分幼儿还能较为熟练地运用书面语言。家长们也纷纷在微信群中交流自己的方法心得，例如多样的记录方法，包括摄像法、录音法、纸笔记录法、幼儿绘制法等等。

通过这件事情，我更深刻地认识到教育是循序渐进的，不能急于求成。表达、写作的过程是一种创作的过程，练好表达、写好作文的关键在于培养幼儿的观察能力，锻炼幼儿的记忆储存。教育不是一天两天的事，而是一个漫长、不可间断的过程，只有我们各方面共同努力，才能回归教育的本质，使幼儿快乐地成长。

化解幼儿入园适应难题

魏晓静

幼儿新入园时，常常会出现各种不适应的情况。这时，教师应与家长沟通交流，了解幼儿的详细情况，如起居饮食习惯、生活自理能力水平，以及个性特点、兴趣爱好等等。有可能的话，可请家长为幼儿写一份翔实的简介，以方便教师了解幼儿的特点，更好地照顾幼儿。

作为教师，我们也应当为新入园幼儿创造有利条件，使他们尽快融入快乐的园内生活。

一、做个"好妈妈"，使幼儿感受真情呵护

幼儿刚入园时，年纪小，自理能力较差，他们离开了熟悉的生活环境，离开每天围在身边的家人，面对陌生的幼儿园，内心充满惶恐，是最需要关爱的时候。也正因为如此，我总是把幼儿当成自己的孩子，从心底关心爱护他们，每天都用亲切的语调、温暖的拥抱、细致的照料、友善的笑容迎接每一位来园的幼儿，把哭闹不肯来园的幼儿抱在怀里，轻声安慰他们，再替他们擦去脸上的泪水。

很多刚进园的幼儿不喜欢在幼儿园吃饭，每次看着满桌丰盛的饭菜不是说"我不饿"，就是"我不想吃"，还有的幼儿坐在桌边发愣，就等着教师喂饭。为了让幼儿喜欢吃饭，并且能够自己吃，我常常及时表扬做得好和有进步的幼儿："你是个可爱的孩子,老师喜欢你！""你真棒！你做得很好！老师很爱你！"对个别能力较弱的幼儿，我就指导他们怎么拿勺子，怎么自己吃饭。对吃饭积极的幼儿，我们想办法给予物质和精神的奖励；对不小心把饭菜打翻的幼儿，我们也做到只教方法不指责，鼓励他们下次做好。

我还及时和家长交流，把孩子一点一滴的进步告诉家长，鼓励家长配合教师，在家里对孩子进行自理能力的培养，放手让孩子自己吃饭，不挑食，巩固在幼儿园养成的好习惯。渐渐地，幼儿们的进餐情绪好转了，普遍喜欢吃饭，有的幼儿甚至还会主动要求添饭。

二、为幼儿创设干净舒适的学习生活环境

因为幼儿园是集体场所，养成讲卫生的习惯非常重要。我坚持培养幼儿饭前便后洗手、饭后擦嘴的好习惯。有些年龄小、自理能力差的幼儿，大小便时容易弄脏裤子。每当这时，我就给他们擦好身子，换上干净衣裤，并把脏裤子洗好。户外活动时，也时常为幼儿们擦汗、擦鼻涕，检查衣服鞋子是否穿好。

为了幼儿的健康，我们每天严格按照保健医生制定的卫生消毒制度，对幼儿接触的物品及时消毒，保持地面干净，保证班中环境的整洁，保证开窗通风的次数和时间，保证室内空气的新鲜，为幼儿的学习和生活提供干净舒适的环境。

三、从细节做起，用心关爱幼儿

刚入园的幼儿对环境不熟悉，处处都需要教师的关爱：当幼儿身体不适或受伤时，需要及时关心安抚，必要时请医生处理；当幼儿想家时，需要安慰他们并想办法转移他们的注意力；当幼儿午睡时，就在他们的身边轻轻安抚，直到他们安然入睡；当幼儿不小心把衣服弄脏时，需要及时为他们换上干净的衣服，并把脏衣服清洗干净；当幼儿犯错时，切记不可简单地批评指责，而应根据具体情况采取灵活处理的办法，让幼儿知道自己错在哪里以及改错的方法……

只有用真诚的爱、实实在在的行动去打动幼儿的心，让幼儿真正体验到被接纳、被关心、被呵护的感觉，才能帮助他们尽快适应集体生活，和小朋友们一起度过愉快的童年。

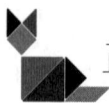

正确对待幼儿的"告状"

佟静宜

在幼儿园，幼儿"告状"是一种常见现象。尤其是到了中班后，幼儿口语表达能力增强，"告状"的现象呈现出越来越普遍的趋势，时常会有幼儿找到我说："老师，他打我了，他推我了。""老师，他看别人的书。""老师，他口袋里有东西。"……

这种时候，我一般都当"消防员"，哪里"着火"就冲到哪里"救火"。结果是每天的状越告越多，有些时候由于处理方式简单，还留下了"后遗症"，问题反而越来越多了，这使我感到非常烦恼。

通过分析反思，并查阅有关幼儿心理方面的书籍后，我认识到：幼儿"告状"有不同的动机和情况，如果能够引导幼儿学会自己化解矛盾，解决问题，不仅可以在集体中建立良好的人际关系，形成良好的班级氛围，而且对于幼儿各方面能力的发展也会起到积极的作用。于是，我在不同的活动形式中进行了一些教育尝试。

首先，让幼儿在"告状"中学会分析。比如，针对"老师，豆豆在桌子上画画。""老师，乐乐插队还推我。""老师，月月把书撕下来折飞机。"等等这些明显没有遵守班级常规的行为，我会第一时间过去制止。如果对此类情况不予理睬，幼儿就会认为教师的敷衍是对此类行为的默许，不良影响有可能扩大。但制止并不是终点，在接下来的生活过渡环节，我会组织幼儿开展讨论：他们这样做对吗？为什么不对？结果会怎样？如果你看到了他这样做应该怎么办？通过讨论，可以在有效减少不良行为的同时，引导幼儿逐渐学会关注同伴行为的后果，做出自己的是非判断，进而促进幼儿道德判断力的发展。

其次，让幼儿在"告状"中学会自己处理分歧。比如针对"老师，我先拿到了这个玩具，浩天和我抢。""老师，达达坐我的椅子。""老师，宇飞把我的积木推倒了。"等等这些涉及争抢、侵犯的行为，我会在全体幼儿面前，通过情景表演等方式再现冲突过程，让幼儿说一说该怎么办。这种方式不仅可以激发幼儿解决问题的无限创意，如通过"石头、剪子、布"的游戏来决定谁先玩玩具；或拿个玩具转一转，哪一边转到谁，谁就先玩，等等。还可以鼓励"告状"的幼儿大胆地与他人协商、沟通，提高他们独立处理问题的能力，学会正确的表达方式，如："你把我的积木推倒了，你要帮我重新搭起来。""你为什么推人家的积木，这样做对不对？你现在应该怎样做？"使用正确的表达方式有利于双方在冲突中掌握正确的交往方法与解决问题的技巧。

最后，让幼儿在"告状"中学会宽容。如类似"老师，琪琪踩到我的脚了。""老师，月月看我的书。"等等幼儿常犯的"无心之过"，我会在集体活动中组织幼儿共同思考：当小朋友不小心把你撞倒或把你的东西碰坏了，你该不该向老师告状？经过集体讨论，再结合一些互相宽容友爱故事的渗透教育，幼儿就会逐渐明白：我们要理解宽容别人的过失，犯了错误的小朋友也要及时向同伴道歉。

幼儿"告状"看似是小事，其实意义重大，只要正确对待、妥善处理，也能收到良好的教育效果。

总爱"多管闲事"的孩子

李 茜

有一次，我组织幼儿们进行"好书分享"活动。正到精彩处，突然冒出一个声音："老师，老师……"我抬头一看，是晓龙在叫我。为了不影响其他幼儿听故事，我对他做了一个嘘声的手势，想让他过会儿再跟我说，可他还是不停地喊着"老师，老师"，我只好无奈地停下来，问他"你有什么事吗？""棠棠在推前面小朋友的椅子。""好的，我知道了。"我提醒了一下棠棠后，继续与幼儿们交流。还没说两句，又听见晓龙喊起来："老师，老师……""又怎么了？"我只能无奈地停下来，"淘淘在玩彤彤的衣服。"哎，好好的一次活动就在晓龙不停的"告状"声中被打乱了。

活动结束后，我把晓龙叫过来，对他说："你是个爱帮助老师的好孩子，老师也知道你想让小朋友改掉缺点，但是你跟老师说这些事情的时候要注意时间，不然会影响小朋友们活动的。有事你可以下课悄悄地告诉我，可以吗？"晓龙似懂非懂地点了点头。

"老师，他打我。""老师，他动我玩具。""老师，他不给我看书。"相信幼儿的这些"告状"行为，是每位教师都会碰到的。其实"告状"是幼儿园这个年龄阶段幼儿一种很常见的现象，在我们大人看来可能有点像多管闲事，但对幼儿来说却不是这样。

比如晓龙，他是一个活泼、开朗，善于与人交往的孩子，很希望得到教师、同伴的认可，他会经常借由"告状"来寻求教师对他的关爱和认同。因此，教师要公平对待每个幼儿，并引导幼儿正确表现自己。

在幼儿阶段，特别是到了中班阶段，幼儿的道德认识不断发展，对行为准则和社会道德规范的认识有所提高，能够掌握一定的行为规范。在这个时期，善于观察周围情况的幼儿很容易向教师"告状"，希望教师能纠正同伴的错误行为。他们在向教师"告状"的同时还希望借此表明自己已经记住教师的话了。作为教师，我们应该接纳幼儿的这一行为。当"告状"完全正当时，我会公正又适当、适时地处理幼儿间的纠纷，帮助幼儿树立正确的是非观念。

与此同时，我们也应该引导幼儿共同商讨解决方法，尽量自己处理矛盾。经过一段时间磨合后，教师要慢慢退出，其目的在于培养幼儿独立处理问题的能力，让他们主动学习并掌握一些解决问题的方法。针对幼儿爱"告状"的问题，我采取了以下措施。

一、告诉幼儿要先管理好自己

爱"告状"就容易形成只关心别的幼儿哪里做得不好，反而忘记或做不好自己该做的事情的不良习惯。因此我对班级幼儿提了一个小建议:先将自己管好，给小朋友们做个好榜样，管好自己才能去管别人。

二、学会欣赏别人

爱"告状"就容易看到同伴的缺点，很难交到朋友。我告诉幼儿：老师喜欢你们帮老师管理班级，但老师不是很喜欢你们"告状"。你可以在看到小朋友做错的时候提醒他们不要这么做，也可以看看小朋友们哪里做得好并向他们学习，这样才会有更多的好朋友。

三、学着自己解决问题

我尝试着让幼儿自己学着解决问题。如有幼儿告诉我建筑区里的东西被放得乱七八糟，那我会问：你觉得可以怎么做？还有幼儿告诉我两个小朋友都想看一本书，在争抢，我就请他想想：如果是你，你会怎么做？请你去帮他们解决。慢慢地，他们就能学会提醒小朋友注意不要做错事，"告状"行为也渐渐减少了。

幼儿表现出的多管闲事，其实是道德意识和自主意识的一种觉醒，从某种意义上讲也是好事，如果教师能够合理引导，对促进他们成长是非常有利的。

班级家长管理故事

从防备到认可的转变

周雨薇

家长工作在幼儿园教师的一日工作中必不可少，如晨间的交流嘱咐、晚间的沟通传达，都是让家长了解幼儿在园中一日生活状况的必要工作。对于中小混合、年龄差异较大的幼儿班级，家长工作往往具有一定的难度。

这天放学后，萱萱的妈妈找到我，询问了幼儿在园的情况，"老师，我的工作比较忙，平时都是爸爸来接，孩子在幼儿园是什么样的？以前她总是没有朋友，现在也是吗？"萱萱妈妈急切地问。我对她说："您先坐，刚放假回来，孩子的情绪还是比较稳定的。"面对面的平视使萱萱妈妈放松了许多，但从她不自然的坐姿来看，心中还是充满了对新教师的防备和不安。

"在家里都是爸爸陪她玩吗？我看到每次爸爸来接，萱萱总是特别的开心呢。""我回家很晚，还经常出差，陪她的时间很少。"说到这儿，萱萱妈妈有些不好意思。"平常在家萱萱都是什么样子的呢？""她在家可淘气了，家人都必须顺着她，不然她就发脾气，还不能吃亏。"渐渐地，妈妈开始放松。"萱萱在幼儿园可安静了呢。这不，她在新的美发屋给老师做了造型，朋友虽然很少，但常玩美发屋的几个小姑娘可都是她的朋友呢，她们的座位是前后桌，天天一起聊天。"我大致向萱萱妈妈介绍了孩子在园的情况，看到她脸上惊讶的样子，知道她并不太相信。"看看，这是她给我做的发型，我照了下来，萱萱害羞还不好意思进来呢。"看到照片后，萱萱妈妈才相信了我说的话。

"她在家可不是这个样子的，我问什么她都说不知道，要不就是说只有小戴一个朋友，总是说她没有其他朋友一起玩了。"萱萱妈妈身体向前倾斜，一只手很自然地搭在椅子背上。"有的小朋友是会出现这样的问题，回到家爸爸妈妈问今天吃什么了，今天和谁玩了，你最喜欢谁，宝宝的回答不是不知道就是不告诉你，家长好奇但又问不出来什么。""可不是嘛，有的时候还让我猜，我怎么知道，知道就不问了。"萱萱妈妈完全放松了下来，像平常聊天一样，很随意地将双手搭在桌子上。

"别看她小，可是小大人呢，她希望能和爸爸妈妈平等对话，就好像现在您和我这样。""那么小的孩子，能知道什么啊？"萱萱妈妈身体自然后靠，双手交叉放在腿上，语气中有一些难以置信。"他们能在一个星期内记住所有孩子的名字，他们知道上幼儿园是因为爸爸妈妈要去上班，他们还知道什么是工作，工作都是做什么的，你看他们棒不棒？""我也没有教过啊？""我们每天都有区域游戏，有不同的职业让孩子们选择。他们可以当厨师、美发师、茶艺师，还有很多很多，所以他们是小大人，一个特殊的群体。"

"那我应该怎么做？"萱萱妈妈的眼中再次显露出急切，和第一次不同的是，她的眼中没有了不安，反而增加了许多渴望。"您是否能够记住班中孩子的名字，或是在接宝宝之前先看看幼儿园的食谱呢？她的不回答可以换成亲子间的小游戏：你不告诉我，但我可以说出来，看看我猜得对不对。宝宝会觉得妈妈好神奇：怎么会知道这么多？这样一来您和孩子之间还愁没有话题吗？""还要记名字，接她时都已经很晚了，其他孩子也都回家了。"萱萱妈妈开始发愁却也认可了我的建议。"家长与家长之间永远有说不完的话题，从家长的口中可以了解到班中幼儿的名字，还可以增进您和其他家长之间的沟通，您可以试试看。"

这两个建议让萱萱妈妈的问题得到了解答，她了解了孩子在幼儿园的状况，缓和了与教师交流的紧张感，排除了与孩子之间的沟通障碍。对症指导不光是对幼儿，对家长也是一种很好的指导方法，从家长的问题中,教师可以了解到他们最想知道的问题。告诉家长想知道的,帮助家长解决教育方面的问题,给予有效简便的解决方法,对家长工作及幼儿教育都有着重要影响和帮助。

从面对面到信息化

黄 悦

今年我依然带小班，开学初期，家长对自己孩子在幼儿园的表现非常关心，经常向我咨询。

我很理解家长的心情，坚持每天面对面地与家长沟通，反馈幼儿当天在幼儿园生活和学习的情况，"今天磊磊不错，能自己吃饭，不用老师喂了！""我们龙龙今天特别棒！喝了一大杯牛奶！""乐乐今天把老师准备的饭、菜、肉都吃光了！""今天宝宝学习儿歌时特别认真，第一个就学会了！""我们晶晶也会用小剪刀剪小面条了！"……每天在家长接幼儿的时候，我都会和每一位家长说上一句，这看似没什么的一句话，却是对幼儿进步的肯定，也是对家长正确做法的鼓励。

直到有一天，果果的爸爸问我："老师，我们家果果在幼儿园表现怎么样呀？真的那么乖吗？她在家脾气可不好了，也不听我们的建议。"看着果果爸爸一脸的疑惑，我回答说："果果在幼儿园表现真的很乖。每个孩子的表现都不一样，有的孩子在家很外向，在幼儿园就特别老实、内向、不善言语；有的孩子在家里不听父母的话，可在幼儿园都能按照老师说的一日生活常规去做事。"果果爸爸听了以后露出了笑脸，但我能看出他还是半信半疑。

果果爸爸走后我就想，我是不是应该利用多种方式让家长了解幼儿在幼儿园的一日生活呢。于是我抓拍了一些幼儿们开心玩耍的照片发给了家长们。结果有的家长发信息说："黄老师抓拍得可真好，比我们给孩子照的好多了，平时孩子都不配合我们！"还有的家长在照片中发现了幼儿园为小朋友们配备的爱心羽绒背心、空气净化器等等，于是发来信息说："东棉花幼儿园真棒！""谢谢漂亮又可爱的老师们，随时关心着宝宝们。天气凉了，请老师们也注意保暖！""看到宝贝们这么高兴地在一起玩耍，我们真的很放心，老师们辛苦了！""老师们真是太贴心了，还给宝贝们准备了羽绒背心，这样我就安心了，还怕孩子出去玩的时候会冷呢。"

随着时间的推移，幼儿们渐渐适应了幼儿园的生活。家长们开始时把重心放在幼儿的吃喝玩上，当他们对吃喝玩都放心了以后，就开始关心幼儿每天在幼儿园都学了什么。一天尧尧的姥姥说："尧尧回家后就给我们全家表演今天在幼儿园学的儿歌，可是说了半天有一句就是说不清楚，我们也听不明白她在说什么？"我说："这是我们在幼儿园学的儿歌，宝贝真棒，记住了这么多，太聪明了！"可是怎么能让家长们既看到孩子们的表现，又能知道学习的内容呢？于是我每天不光发一些幼儿们学习、游戏的照片，还把他们活动时候的表现拍下来，用视频的方式发给家长们，并且每次都会把儿歌或者歌曲的内容写出来。家长们看了之后又有了新的评价："宝贝们都很听话啊！"

从家长积极反馈的表现可以得出结论：教师面对家长说十次也不如家长自己看到的这一次。

有一天，我发了几个幼儿的剪纸作品，翔翔的爸爸说："我有没有看错，是这家伙自己做的吗？是老师帮他完成的吧？"看到信息后我马上回复："不要不相信我们的宝贝，他们都很棒的，家长朋友们要多发现我们宝贝的闪光点！"这些照片、视频和文字，也帮助了偶尔请假没来幼儿园的幼儿。家长可以利用视频和文字帮助幼儿学习，等幼儿来到幼儿园的时候也能和其他小朋友一样一起参与到活动中，不会产生负面心理。同时，来园的幼儿也可以在家长的帮助下复习每天所学到的本领。

时间过得很快，转眼间幼儿们来园快三个月了。看着他们每天"黄妈妈！""亲妈妈！"地叫着我，我觉得这是对我工作最大的肯定，也是我努力前进的动力！

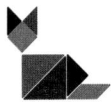

二胎的"罪过"

张　倩

　　有一天早上，一向主动要来幼儿园的小迪突然拉着奶奶的手哭喊着："我不要来幼儿园，我要回家找妈妈做比萨！妈妈答应过我的，奶奶快点带我走吧！"哭声响彻整个小院。我赶快将幼儿抱起来，抚摸着她的头说："小迪不哭，进班里和老师慢慢说。"我示意奶奶先等等，进入班级后，幼儿立刻停止了哭声，紧紧缩在我怀里说："我只是今天不想来幼儿园，妈妈答应我陪我做比萨，但是她又没有做到！"我突然意识到，小迪的妈妈因为怀了二胎，身体不适，所以很久都没有来接送过孩子了。我尝试着安慰道："妈妈现在怀了你的小弟弟或者小妹妹，身体很不舒服，需要休息，所以答应你的事情没有做到。等妈妈身体好一些了就可以带着小迪和你的弟弟妹妹一起做了，那样有人陪着你，你会觉得更快乐！"待小迪情绪稳定后，我和奶奶进行了沟通，从中我了解到：妈妈怀了二胎后，身体的反应很大，爸爸又刚刚升职，工作很忙，所以从老家接来了年岁已高的奶奶照顾小迪。听到这些，我知道了小迪最近情绪变化的原因。

　　了解原因后，我决定找小迪的妈妈谈谈，考虑到她的身体情况，我选择了电话访谈的方式。我跟小迪妈妈刚聊到小迪的变化，妈妈竟然抽泣起来，说："我现在真的后悔怀了二胎，身体特别不舒服，还影响了小迪的情绪。"我说："怀宝宝是一件辛苦的事情，但是给小迪生个弟弟妹妹是一件很伟大、很成功的事情，您不要影响情绪，咱们共同找些方法，让小迪接受这个事实，并且知道父母对自己的爱。"听到这里，小迪妈妈的情绪平复了许多。

我又就近期小迪的表现与她进行了沟通，我说："小迪因为父母的不关注而产生了情感上的落差，您应该让她清楚地知道自己将有个弟弟或者妹妹了，可以每天和小迪谈论自己的感受，分享一下怀小迪时的一些趣事，让她感受到妈妈对自己的爱。另外，应该多和小迪说说成长的故事，让她知道自己长大了，要当姐姐了，将来会有个弟弟或妹妹追着自己一起玩，这样让她有当姐姐的自豪感，从而更期待弟弟或妹妹的到来。"小迪妈妈感激地说："谢谢老师，没想到自己有这么多做得不好的地方，没有考虑这么多，我们一定按照老师说的做，让小迪像以前一样快乐起来！"

经过一周的关注和沟通，以前的小迪又回来了，她主动用绘画表达了自己对妈妈的爱，还更喜欢参加班级中的活动，成了一个快乐的孩子。二胎并没有"罪过"，而是家长忽视了孩子的感受，孩子的成长需要一个幸福的家庭氛围，使他们每时每刻都能感受家庭的幸福和快乐。

共同撑起一片蓝天

杨春丽

记得自己在一次继教活动中记下过这样一段话"真诚是解除误会的良药，只要我们以诚相待，遇事首先反省自己的不足，用宽容的心态给家长逐渐理解自己的时间，以爱心去对待每个人，以教育技能、技巧去引导家长，误会最终会消除。"

刚参加工作的教师在家长工作方面确实存在着一些问题，或者说是一些误区。有的时候，我们对家长写在本上的问题没有及时反馈，时间久了，家长就会产生消极的态度。幼儿出现的大部分问题都需要家长的配合与支持才能解决。如果教师与家长之间能够相互沟通、相互尊重、相互理解，那么共同帮助幼儿成长就会变成一件很容易的事。

正像继教活动中邓老师讲的那样，幼儿们到了新环境，在园的所有情况家长都想知道。对于幼儿们出现的一些问题，家长和我们一样也很着急，他们希望自己的孩子能很快适应幼儿园的生活。那么，作为教师，我们又应当做些什么呢？

菲菲来园有一段时间了，可她似乎还是没有完全适应幼儿园的生活，尤其是午睡。刚开始，菲菲总是坐在床上不肯躺下，每次教师让她躺下睡觉，她就会哭喊着要找爷爷，而且声音很大，吵醒了很多已经睡着的幼儿。还有的时候，菲菲虽然睡着了，但会从梦里哭着醒来。我们想了很多方法解决菲菲午睡的问题，比如我们猜测菲菲的运动能力比较差，可能是每天中午的上楼环节给她造成了心理负担，从而影响了她的睡眠，就把菲菲从楼上调到了楼下。但调到楼下后，菲菲还是和以前一样，没有好转的迹象。

后来，菲菲因为感冒休息了两天，期间，我们一直在思考如何解决她的午睡问题。菲菲平时都是由爷爷、奶奶接送，难道是因为在家里被惯坏了，养成了不好的习惯？我们决定与家长进行沟通并请家长给予配合。

菲菲来园的那天，我们留下了菲菲的爷爷、奶奶，和他们谈了谈菲菲平时在家的生活情况。当说到睡觉这个问题时，她的爷爷告诉我们，菲菲每天睡觉前都要有人轻轻地拍着她的后背，哄她入睡，如果中间醒来也同样要拍着后背才能再次入睡。

听了这些之后，我们顿时深感愧疚，如果能够早些和家长沟通，早些了解幼儿在家的生活习惯，也许幼儿会适应得更快，在幼儿园的生活也会更快乐。

及时和家长保持沟通是每位教师的职责，对托班教师来说更应如此。让每位幼儿都能够感到"幼儿园像我家"并不是一件容易的事，这需要我们的付出与行动。

通过与菲菲爷爷、奶奶的交流，我逐渐发现，在与家长沟通的时候，我们要耐心倾听，捕捉家长无意中传达出的信息，即使发现家长对我们的工作不满意，也不要盲目地一味抵触，而是要了解家长的意图，揣摩家长的心理，就需要解决的问题积极、灵活地沟通，取得家长的理解与信任。只有让家长更多地了解我们，了解我们的工作，才会更有效地做好家园共育的工作。

家长把孩子送到幼儿园是出于对教师的信任，教师也有义务把孩子的在园情况反馈给家长。如果教师没有直接和家长接触的机会，也可采用其他方式联系。总之，教师主动和家长沟通，家长便能够配合教师的工作，共同帮助孩子进步。

教师在工作中，千万不要忘记家长这一有效的教育资源，更要切记"相互尊重"是促进教师与家长之间积极沟通的催化剂。

如果说细节决定成败，那么沟通就是细节；如果说态度决定一切，那么沟通就是态度。人是有感情的动物，沟通要从心开始。如果教师能够以一颗真诚的心，设身处地理解家长爱孩子的心，帮助他们解决育儿中的无奈、困惑，那么，我们一定会共同为孩子的成长撑起一片蓝天。

真诚沟通，换位思考

陈　洋

作为教师，我们都知道，幼儿园工作是面对两个群体展开的，即幼儿群体和家长群体。这两个群体间的工作息息相关，相辅相成。做好家长工作是做好幼儿工作的基础，新小班的家长工作尤为重要和艰巨，就像高楼大厦的地基，如果没能建立和谐、信任的家园关系，就会在日后的工作中产生许多问题，影响班级正常教育秩序。

如何与新小班家长建立和谐共进的家园关系，使家园共育进入良性循环呢？

一、真诚相处——做朋友

人与人之间的交流需要真诚，更需要换位思考，只有理解对方，了解对方的心理，才会使工作深入人心，产生实效。

刚入园的橙橙是一个特别乖巧但是分离焦虑情绪严重的孩子，每天都因为不想上幼儿园大吵大闹，每天早上送园都成了对橙橙全家的"考验"：孩子哇哇大哭，家长不忍放手。

经过了解，班中幼儿大多是独生子女，家庭中每个成员都把孩子看成宝，当孩子离开家人在幼儿园开始一天的生活时，不仅孩子有分离焦虑，家长们也有分离焦虑。因此，教师有了一个特别任务，就是帮助家长顺利度过分离焦虑期。

由于家长们对幼儿园生活同样陌生，对教师工作也不了解，因此，在他们与教师交流时充满了疑虑、担忧和不放心，每天都有问不完的问题。于是，我在和橙橙父母沟通的时候，适当加入了一些对爸爸妈妈的引导，例如建议家长早上送园，只送到班级门口，然后，平静地和孩子说再见，坚定地转身离开，不在孩子面前表现出犹豫、不安。作为班级教师也应在入园初期，坚持每天轮流把幼儿的情绪、饮食、游戏等方面的表现，以照片或小视频的形式和家长们沟通，如夸孩子的每一个小进步，并给孩子贴画作为鼓励。教师对爸爸妈妈配合工作表示肯定，让家长们逐步了解幼儿园，了解班级具体工作，了解一日生活流程常规等等，从而慢慢消除家长们的顾虑，让他们安心投入到一天的工作中。

在不到一个月的时间里，通过每天和家长耐心沟通，争取家长的配合，橙橙很快适应了幼儿园的生活，而且越来越喜欢幼儿园，橙橙家长也更加相信并肯定幼儿园和班级教师的工作。在日后班级的各项活动中，不仅橙橙积极参与活动获得了成长，橙橙的爸爸妈妈也一起参与到了幼儿园的活动中，成了教师的助手。

二、换位思考，观察幼儿——有话说

与家长的沟通应准备充分，积极主动，否则会给家长留下敷衍的印象，因此，教师们平时多留心观察，将幼儿在园的一些突出表现与家长主动交流，包括好的方面和不足的方面。如某某小朋友今天吃饭有进步，添饭了，值得表扬；某某小朋友今天入睡晚，回家注意早点睡觉，等等。切忌直接跟家长说"孩子今天挺好的"一类笼统的语言。尤其在小班初期，教师在和家长沟通时，一定要事先观察幼儿今天在园时的特殊表现，告诉家长孩子做了什么，再和家长具体沟通需要家长配合什么。如果需要家长回家后和孩子沟通，教师可以给出具体的建议。

有一次活动区游戏时，果果和多多抢玩具，我在活动区解决了这个小矛盾，并安抚了两名幼儿的情绪。但在与家长沟通时，我选择了和两个抢玩具的幼儿家长分别沟通，告诉家长：今天孩子在园发生了什么事情，我们是怎么解决的，孩子的情绪怎么样，以及需要家长回家后再次提醒孩子不争抢玩具、轮流玩、有困难找老师等等。这样做不仅让家长知道教师对自己孩子的关注，同时也使家长们回家后对孩子的教育更具针对性。

做好家园配合，有时只需换位思考，即如果这是我自己的孩子，我也会很舍不得。所以当教师从家长的角度思考时，就会体谅家长的想法，从而真诚地与家长沟通，并运用专业的方法引导家长，使家园配合取得更大成效。

以上这些与家长沟通交流的方法，在我们日常工作中体现在最普通、平凡的细节中，这些方法不仅解决了幼儿的问题，也获得了家长们的赞许。只有耐心对待"难缠"的家长，才会有理解教师工作的家长。

幼儿园存在的意义不仅在于让 3~6 岁幼儿接受适宜的教育，也在于让家长们能够安心投入工作。我们只有以《幼儿园教育指导纲要》为指导，本着尊重、平等、合作的原则，争取家长的理解、参与和支持，帮助家长提高教育能力，才能建立和谐家园关系，共同促进幼儿健康快乐地成长。

换种方式和祖辈沟通

韩黎明

　　睿睿年龄比较大，是班里的"大哥哥"，在面对比自己小的弟弟妹妹们时，他什么事情都喜欢管一管，好树立自己大哥哥的威信。每到活动的时候，他都有自己的想法，喜欢按照自己的意愿做事。下半学期开学后，我发现他的脾气变得有些大，在面对自己看不惯或不符合自己心意的事时他就会大喊大叫，有时候还会动手改变，直到符合心意为止。班里的幼儿、老师和他的家长，都感受到了这场"小风暴"。

　　这天区域活动的时候，睿睿很早就来到了他最喜欢的积木区，带着小朋友一起搭积木。只见他边拿着长条积木搭建大房子，边指挥着区里其他小朋友搬积木。过了一会儿，就听见积木区传来"轰"的一声，我抬头一看，原来是搭好的积木房子倒了。站在旁边的阳阳冲着我说："老师，是睿睿推倒的！""谁让你们瞎放的！"睿睿大叫了起来，说着还推了阳阳一把，"让你跟老师说！"我赶紧走过去对睿睿说："睿睿，小朋友要一起玩，他们想帮助你一块儿搭。""我不需要！他们得听我的！"说着他把头一扭，一脸的不高兴，任谁说都不理。

　　晚上放学的时候，我就今天这件事和睿睿的奶奶聊了他最近的状态。睿睿的奶奶一向很关注并宠爱自己的孙子，每天放学总会询问一下今天学了什么、他的表现怎么样，对于他的一些过失总会给他找不同的借口。因此，这次沟通中，我并没有像往常一样先和家长说明幼儿这段时间出现的问题，而是先询问了一下："睿睿奶奶，睿睿最近在家表现怎么样？和小伙伴们相处得好吗？"睿睿奶奶说："在家挺不错的，愿意帮我洗菜、端碗，好着呢。不过最近脾气挺大，那天和家附近的小朋友一起玩，因为人家没有顺着他，他就急了。还有那天他的小海马丢了，他死活哭着不进幼儿园的门，就让找回来，还得是一模一样的，之后再找回来都不行，他自己气得直哽哽，又打又踹的。"从睿睿奶奶的话语中我发现，睿睿最近脾气很大，要求大家都要顺着他，否则就大喊大叫发脾气，甚至会有动手的行为。针对这个情况我切入了今天沟通的主题，和睿睿奶奶说了最近发生的几个小事件，希望可以通过家园的配合让睿睿能够控制自己的脾气，和别人友好相处。

睿睿妈妈特别配合我们，专门找了一些小动画让睿睿看，希望从他的兴趣点入手让他有改变的意识。在幼儿园里我们引导睿睿帮助教师、小朋友做事情，在这个过程中，让他懂得怎样沟通，我们还准备了《小猪发脾气》《不要发脾气好好说》之类的故事和近期学习的《三字经》中截取的一些语句和小故事，让幼儿们自己学习、自由讨论，潜移默化地让睿睿明白对人要有礼貌，不乱发脾气。经过一段时间家园的共同努力，睿睿有了明显进步，不再对长辈、伙伴动手，能控制住自己的脾气，也可以平心静气地和大家进行沟通了。

幼儿园与家长沟通是家园共育的重要一环。家园沟通能让双方全面了解幼儿的情况，以便及时调整教育方法和重点，让幼儿有更大的进步。

与伙伴同心，和家长有效沟通

蒋　娟

　　我曾经听过这样一个故事：有一位教师工作很认真，当主班老师也有些年头了，可有一件事总是困扰着她，那就是——每次园所组织家长对班级工作进行评价时，她们班的家长满意率总是最低的。其实，这位教师的工作有目共睹：对待工作兢兢业业，十年如一日；对待幼儿比对待自己家的孩子还要好。可是她怎么就得不到家长们的认可呢？她既苦恼又困惑，直到有一天，一名幼儿家长一语道破其中缘由：不是她的工作做得不够好，而是与家长的沟通不够。

　　家长是幼儿园教师的重要合作伙伴。一个教师如果能够正确处理好与家长的关系，工作就会非常轻松，因为有家长这个坚实而有力的后盾在支持着。但是如果教师没有和家长建立一种有效沟通的关系，那么不仅可能会出现家长不太支持教师工作的问题，也会使得与家长打交道成为教师工作中最头疼的事。在班集体里，主班老师是引领班级教师和幼儿成长、发展的领军人物，主班老师的管理工作尤为重要。那么，作为一班的大家长，主班老师又该如何统筹好班级事务并处理好班级教师与家长之间的关系呢？总结这几年主班老师的工作经验，我对如何协调班级教师做好家长工作有以下两点心得体会。

一、班级教师要依据客观事实全面了解幼儿情况

　　我发现，班级中的教师在与家长进行沟通前，有必要多和其他教师进行沟通，以全面了解幼儿情况。因为班级中不是一个教师，而是好几个教师共同管理。如果家长在询问自己家孩子的情况时，这个教师是这样的说法，另一个教师却是另外一个说法，那么留给家长的印

象就是：这个班集体里的几位教师不是很团结。把孩子交给这些教师看管，家长就会很不放心，继而不信任教师，家长工作就很难顺利开展。

二、做好家园联系，让家园沟通更加顺畅

现代社会，科技的发展日新月异，电话、微信的出现方便了人们沟通交流。家长主要通过教师了解孩子们在幼儿园中的各种表现，因此教师除了每天在家长接送孩子时和家长聊天沟通外，通过微信分享视频或图片让家长更直观地了解孩子在幼儿园的状况也是很有必要的。另外，家园共育栏中的内容要定时更换，让家长能够多途径了解孩子的状况以及教师的工作开展情况，从而更好地支持教师的工作。

家园共育，更好地帮助孩子进步

樊亚楠

伊伊是一个活泼好动的小姑娘，每天在班里就喜欢来回溜达，总是坐不住，和小朋友玩游戏时也总是出现抢玩具的行为，导致很多幼儿告状："老师，伊伊抢我的玩具。""老师，伊伊推我。""老师，伊伊拽我的头发。"除了和其他幼儿闹别扭外，伊伊还动不动就在老师上课时唱歌。为此，我和她私下聊了很多次，她当时答应得很好，但转过头依然如故。

为了改变伊伊的行为，我还特意和伊伊妈妈进行了沟通，了解孩子在家的情况，同时也向她介绍了孩子的在园情况。伊伊妈妈听后也有些无奈，她说："在家就管不了，对我们也总是大喊大叫的，我和她爸爸也没有什么办法。老师，我们该怎么做呢？"见伊伊妈妈这样无奈，我也有些无措。

这次谈话并没有找出有效的解决办法，但我并没有放弃，在后来的工作中，我更加关注伊伊。我发现她很喜欢跳舞，喜欢老师表扬她，不喜欢被拘束或是被批评。因此我做了个小实验：每天挪出10分钟跳舞的时间，让她在领舞位置，并及时对她正确的行为进行表扬；请她帮老师做一些力所能及的事情，做好了也给予她奖励，并在放学后在她家长面前表扬她；同时，我还让家长在家中配合我们，多鼓励、肯定她，不要过分强调孩子的"错误"。

经过一段时间的观察，我们发现伊伊真的有了变化。伊伊妈妈有天激动地拉着我的手说："老师，伊伊现在在家可好了，不再大喊大叫了，还帮我做事呢。"听到家长欣慰的话语，看到幼儿的进步，我也很开心。

　　伊伊的改变离不开教师的努力，也离不开家长的配合，只有做到家园同步教育，互相配合，共同创建一个良好的教育环境，才能使幼儿有所进步。

将焦虑变成放心

王　格

　　大班下学期开学，班里新转来一位小姑娘。一周后的一天，她的妈妈在幼儿离园后和我聊天，妈妈很焦虑地说："老师，我觉得我的孩子在幼儿园里有点孤独，回家也不愿意说起幼儿园的事情。"我说："那您问过孩子是为什么吗？"妈妈说："我问过，她总是不说或者转移话题。"从孩子妈妈的神情中我看出，她担心孩子来到新的幼儿园不适应，也担心教师不够关注孩子。于是我说："在孩子来的一周时间里，我觉得她是一个聪明的孩子，她会从同伴那里学习班里的常规。同时，孩子也很善于交往，能和其他孩子友好地玩游戏，也能在她需要帮助的时候及时向老师求助。最可贵的是，孩子很坚强也很勇敢，在面对全新的环境时，她能在老师和同伴的帮助下，开心快乐地融入新集体，没有一遇到困难就退缩、哭泣，更没有逃避而不来园。"

　　小姑娘的妈妈听完开心地笑了，接着又说："可是我就是觉得她不开心。"我感到家长的情绪稍微缓解了，就问她："您是不是因为孩子回家没有和您说幼儿园的事情，就觉得孩子孤独？"她回答："是的。她以前不是这样的，回家总是说幼儿园里的事儿，说个不停，现在太反常了。"我明白，家长有这种想法是因为自己的焦虑情绪，于是就说："我们都认为孩子很棒，对吗？"看家长点了点头，我紧接着说："但是，我们也有不同的看法。"面对家长疑惑的眼神，我解释说，"我们不同的看法就是，老师会给孩子自主的空间让孩子适应，感受到自己的成功，然后和老师分享喜悦的心情，我们想让孩子慢慢来。而您有些心急，我理解您的心情，希望孩子能很快适应，但是您的情绪会给孩子带来一些压力，她会和以前比较，觉得自己还不够好，而不去和您分享。您觉得我说的对吗？"家长思考过后，点头认可。最后，我向家长提供了提高孩子与家长交流意愿的三个方法：

方法一：在与孩子共同游戏的时候提问题，比如，"今天有什么高兴的事吗？"

方法二：在孩子不理睬的时候，不要追问孩子，而是继续和孩子活动，给孩子空间。

方法三：教师每天会利用照片和家长交流，家长了解孩子在园情况后，可以用自己的语言鼓励和表扬孩子，引导孩子交流。

家长听后，抱着试试看的心态回家了。

两周后，我收到了家长的短信：老师，很感谢您对孩子的培养与关心。最感谢的还是您的方法，简单而且有效。我在看到孩子变化的同时，也能反思自己在与孩子沟通时的问题。有您这样的老师，我很放心！

看到家长的信息，我很高兴。我们的工作要面对各种各样的家长，而家长们的需要也是不同的，因此家长工作是有难度的。经过总结，我得出了以下解决思路：首先，教师应善于倾听，倾听家长的需要，倾听话语背后的含义。其次，教师要巧妙沟通，对于家长在意的内容，不要简单介绍或者描述，而要用实例进行心与心的沟通，取得家长信任。最后，给予有效的方法。有时家长向教师反映的难解决的问题都是因为缺乏有效的方法，所以给予的方法不要过多、过难，而应该是有效的话语、有效的实例，这样家长才好操作。只有掌握上述方法，家长才会更加理解并支持教师的工作。

教育中的伙伴

王　菲

　　家长是幼儿园重要的"合作伙伴"，我们应本着尊重、平等、合作的原则，争取家长的理解、支持和主动参与，并积极主动帮助家长提高教育能力。幼儿的成长需要教师与家长齐心协力,共同分担教育责任。作为一名幼儿园一线教师，我无时无刻不在和家长打交道，双方也从陌生人变成朋友，变成幼教路上的携手同行者，在这个过程中我也收获了很多经验、教训以及感动和泪水。这一切都使我更加深刻地认识到家长工作的重要性。

　　记得大班第一学期，班中来了一名插班生——弘弘。我第一次见到弘弘的时候还以为她是个小男孩：短短的头发，圆圆的眼睛，瘦弱的身体。当我上前和"他"热情地打招呼的时候，才发现原来是个可爱的小女孩。她害怕地躲在妈妈身后，眼睛直直地看着地面。

　　就这样，弘弘走进了我们大二班。不久，我发现了她与众不同之处。有一次她正在画画，教师请她去喝水，她突然号啕大哭起来，并把画纸都撕掉了。她也从来不参加集体活动，当小朋友都在分组游戏时，她却站在主题墙下看上面的字。

　　经过和弘弘妈妈沟通，我才知道，弘弘原来是个自闭症儿童。弘弘妈妈在告诉我这件事的时候声音很小，我能看出她的伤心和自卑。但她让我不用管弘弘，说等她大了就好了。和弘弘妈妈沟通完，我陷入了深思，据我所知，学前的自闭症儿童大都生活在父母设定好的、相对封闭的狭小空间里面，他们没有正常的同龄玩伴，缺少和正常孩子的沟通与交流。

　　为了能让弘弘好转，我尝试着寻找弘弘问题的根源。于是，我进行了一次家访。

　　当走进弘弘家中时，我一下就明白了。弘弘一家住在一间不足 10 平方米的房子里，一张床占据了大部分的空间，过道也非常狭窄。弘弘妈妈告诉我，她和爱人都是来京务工人员，平时基本没有时间管弘弘，而且也很少交流，就让弘弘一个人在屋子里看光盘、认字，所以弘弘自己学会了很多字。

　　通过家访，我感受到沟通是教师争取家长理解与信任的着手点。与家长沟通是让家长了解幼儿园的有效途径，也是教师与家长共同教育孩子的通道。教师与家长共同关注的焦点就是希望孩子能够健康成长，因此教师与家长必须达成一个共识，即为了孩子的身心健康，双方都有责任、有义务共同努力。所以，我通过书籍、网络查找了很多自闭症幼儿的相关知识，并收集整理有用的方法，分享给弘弘的妈妈。我还与弘弘妈妈达成了一个协议，就是家长每天都要和弘弘进行交流沟通，哪怕只有五分钟。在班中，我抓住弘弘会认字、写字的特点，经常请她给小朋友讲故事书，教不会写名字的小朋友写字，而且每次我都会录像，并在离园时放给妈妈看。当妈妈看到孩子能在全班小朋友面前讲故事并且能帮助别人时，她的眼中闪烁着喜悦的泪光。

　　由于是双职工，弘弘的爸爸妈妈有时都不能来接孩子。经过和园里、家长的沟通，决定由我先将弘弘带回家，再等家长来接。利用这短暂的两人时光，我会带她去小朋友多的地方，让她和不同的小朋友一起游戏，从中体验与同伴交往的快乐，并学会亲近他人。每一次见到弘弘妈妈，我都会把孩子今天的进步和变化告诉她，让她了解孩子的表现，为她回家后和孩子沟通创造机会，引导她与弘弘主动交流、亲近，增进她们之间的感情。

　　慢慢地，弘弘的爸爸妈妈意识到孩子的变化，变得不那么忙了，两个人就算请假也会轮流送弘弘上幼儿园，还会经常带她出去玩。弘弘的变化也越来越大，再也不是以前那个孤僻自卑的孩子了。

虽然已经过去六年了，但我每年春节都会收到弘弘妈妈发来的祝福短信，虽然仅是只字片语，却仍能感受到字里行间那份沉甸甸的感情。作为一名幼儿教育工作者，我们不单单教育幼儿，还要与家长达成一致意见。当面对特殊儿童时，我们不应该选择放弃、忽略，而是要让家长发现教育的重要性，并用自己的行动去证明给家长看，让家长成为我们教育事业的同行者。

我的老年朋友

蒋 娟

　　我在工作的这几年里接触了很多不同类型的家长，从年龄上可以把他们分为年轻家长和年老家长两类。年轻的家长自然是孩子的爸爸妈妈，年老家长一般是孩子的爷爷奶奶、姥姥姥爷。我经常听到有些教师抱怨说没法和现在的老人沟通，因为他们每天只关心孩子的吃喝，对其他任何问题都不关心。细想一下，这些教师的抱怨也合情合理。幼儿在幼儿园一天的活动除了三餐，还有教师组织的教育活动、区域活动、户外活动以及过渡环节等等。一天当中，教师要负责幼儿这么多事情，而孩子的爷爷奶奶却只关心饮食这一个方面，的确有失偏颇。可是再仔细一想，老人关注的问题有他们自己的出发点，也是可以理解的。

　　有一年，我被分配到了小班，班里有一个幼儿由奶奶每天负责接送。这个奶奶也像其他年老家长一样，每天问教师的也只是"今天孩子吃得怎么样，睡得怎么样？"等生活问题。因为我刚到这个班不久，这位家长可能对我有些不信任，什么事都不跟我说，而是跟班里另外的几个教师说，我也只好默默关注着这个幼儿。我发现这个幼儿隔三岔五就会拉在裤子里，教师们虽然想了很多办法，比如每天都鼓励、提醒幼儿大便，但问题还是时不时地发生。虽然家长没说什么，教师也没抱怨过孩子，但还是在一定程度上给幼儿造成了压力。幼儿每次都是拉在裤子上了才跟老师说想大便，然后一脸的歉意。我开始格外关注这个幼儿的情况。我发现，其实幼儿大便的时间很规律，每天都要大便两次，中午一次，下午一次。中午那次正好在吃完饭后的 15 分钟左右，那时教师要带幼儿散步睡觉，所以忽略了这个幼儿的个人需求；

下午是 14:40 左右，幼儿们刚起床，教师要给他们整理衣物、梳头，也容易忽略幼儿的个人需求。

这天下午，这名幼儿又拉在裤子里了。下午接孩子的时候，我没有像往常一样把洗好的裤子交给他奶奶，而是把她叫到一边，等其他家长把孩子都接完后，才开始和她说起孩子在家里的情况。刚开始的时候，她很笼统地说孩子这好、那好，反正一切都好。我没有打断她的话，而是等她把话说完后，我先赞扬了孩子在幼儿园的表现，然后将孩子的大便规律和容易拉裤子的情况告诉了她。她听完之后先是一惊，接着将信将疑，然后就跟打开了话匣子似的说她也很不容易，孩子在家的时候也常常把大便拉在裤子里。我告诉她要给孩子养成良好的作息习惯，每天到那两个时间点就先让孩子去大便，而不是玩玩具、看书，也不能只听孩子说不想大便就不让他去。

在之后的几天里，我在幼儿园也这样提醒幼儿。坚持了差不多两个星期，幼儿就不再需要我提醒，每天一到固定时间就主动去卫生间大便。又过了几天，幼儿的奶奶找到我，告诉我幼儿的变化，言语中充满了感谢。而这之后他奶奶也愿意主动和我说幼儿的变化、家里的情况等等，和我成了朋友。

家长工作说难也难，说容易也容易，关键是教师要清楚家长真正需要的是什么。针对不同家长的需要，教师要施以不同的交流策略，更加智慧地处理问题。教师要做好家长工作，最根本的还是要细致地观察每一个幼儿，了解幼儿的需求和变化，进而把他们教育好。只有这样，家长才能认可我们的工作。

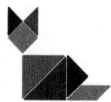

与家长沟通的小窍门

安　静

　　随着时代的进步和幼儿园发展的需要，越来越多的年轻教师加入幼教队伍。他们充满热情，但却缺乏经验；他们时而热情高涨，时而烦躁低迷，处于新奇、激动、迷茫、困惑等"多感交织"的阶段。为了工作的正常开展，幼儿园在安排工作的时候常采取老教师带新教师的方法。我很荣幸成为"老教师"中的一员，让自己获得和年轻人一起成长的机会。下面我就和大家分享一个年轻教师如何做好家长工作的小故事。

　　记得有一次，晚上离园时一位家长向我反映这样一件事：班上一位年轻教师平时很少与家长沟通交流，在家访和家长会时也很少与家长聊天。当家长们主动向她询问一些教育方法时，她经常求助于别的教师。久而久之，家长们对这位教师的专业能力有些质疑。针对这个情况，我观察了几天，发现这位教师在接待家长时确实常常站在老教师后面，不太主动与家长交谈，好像不知道该怎么说，有点害怕的样子。

　　这名年轻教师是 90 后，是教师队伍中的新生力量，富有朝气和活力，但缺乏独立思考与行动的信心和能力。教师的职业特点决定了教师要比其他许多行业的人员面临更为沉重的压力，在知识、技能和心理素质等方面也很有挑战性。因此在面对同事的关心、家长的期待时，这名年轻教师一定会紧张不安。

　　在接下来的日子里，我调整了自己与年轻教师的沟通方式，一边摸索，一边总结经验教训，主要采用以下方法帮助她改善家长工作。

　　首先，我向她介绍了我自己的家长工作心得，帮她逐个剖析家园关系案例，探索教师与家长沟通交流的方法。其次，我和她一起系统学习家庭教育理论，向她提供家教指导的理论支撑。再次，我帮助她一起做好自我反思工作，例如反思自己是否因为在工作中不够主动，致使工作没有做到位等等，让她不断发现自己的不足，并且有针对性地改进。最后，我告诉她做家长工作需要细致和耐心，必须持之以恒地认真对待。当面对家长的不信任、不理解时，要相信真诚是解除误会的良药。只要我们以诚相待，遇到事情首先反省自己的不足，再用宽容的心态给家长逐渐理解自己的时间，以爱心去面对每一个人，以教育技能、技巧去引导家长。久而久之,相信家长一定会放心地将孩子交到我们手中。

真心换真诚

张雷洋

家园共育是幼儿园工作的重要环节。幼儿健康成长是教师和家长的共同愿望。但由于教师和家长在教育观念、思考问题角度等方面存在差异，所以家园共育常常很难达到预期的教育效果。

做好家长工作，教师需要采取合理有效的工作方法。例如，在最初试园期间，我带领班级教师进行家访，在家访过程中了解每位幼儿的家庭情况，并挑选确定了几位热心家长组成家委会。幼儿正式来园后，考虑到部分家长工作忙，我们重新进行了筛选，确定由一些全职妈妈和上班时间较宽松的家长协助工作。在之后较长的一段时间里，我们每月都组织召开家委会成员会议，向爸爸妈妈介绍我们这一阶段的工作，明确需要家长配合的工作内容并有效实施。总之，家委会真正起到了促进家园共育的作用。

在家委会工作中，我们利用亲子半日、秋游、新年联欢等机会推出一些亲子游戏，要求每位教师都积极参与，与家长聊天互动，与幼儿亲密接触，以促进教师与家长、教师与幼儿、幼儿与家长三方面的沟通，助力家长工作的开展。如在一次足球嘉年华活动中，我对活动意义及促进幼儿发展目标的介绍，便得到家委会成员的大力支持。

他们主动将班级幼儿分成五组，每位家委会成员负责 4~5 位家长的传达、组织事宜，保证活动有序开展。以此为基础，我们建立了家委会微信群，进一步加深教师与家委会成员之间的密切联系。

再如，豪豪的父母对豪豪比较溺爱，教育上也缺少方法，因此豪豪的自理能力非常差。在亲子活动中，我们特别注意引导豪豪与家长互动，并在互动中为他的爸爸妈妈提供一些好的育儿方法和有效陪伴的小妙招。在幼儿园常规活动中，我们也注意关注豪豪，从吃饭、盥洗、午睡，到教育活动、户外活动，全程引导他顺利完成各个环节的活动。与此同时，我们还发动家委会成员共同帮助豪豪。小伍妈妈主动要求在假期和晚上回家后，约上豪豪妈妈，带着小伍、豪豪一起游戏、画画、做手工，在游戏中有意识地引导他们交流。就这样，在和伙伴的游戏中，豪豪发生了变化，专注力也慢慢提高了。

宽容、理解、重情、沟通是教师处理家长工作的核心。教师只要肯于尝试、敢于尝试，采用正确的方法，就必然会得到令教师、家长都满意的教育效果。

智慧沟通，共促发展

付聪颖

日常活动中，会经常听到家长说："老师，这周有什么作业？""哎呀，还想这个周末带孩子玩去呢，这下又没时间了！"从家长的言语中不难发现，家长把和孩子一起完成幼儿园交代的事情当成了"作业"，并且认为完成这种"作业"会浪费他们的时间。

针对这种情况，我与班内教师进行了沟通，同时也向一部分家长了解了他们对"作业"的看法，思考出现问题的原因：有些家长由于工作较忙，无暇顾及孩子，甚至周末都有工作要做，更别说和孩子一起享受亲子时光了；而有些家长则对幼儿教育存在误解，认为教育是幼儿园的事，家庭只需为孩子提供物质保证。要想改变这种现象，我认为教师应当做到以下几点。

一、加强交流，说明意义

我们首先要做的是使家长明确亲子互动的教育意义，知道其价值所在。于是，我利用电话联系、网络互动、家长会沟通、接送时交流等多种方式积极向家长宣传家庭教育的重要性，帮助家长理解与孩子多交流的重要意义，掌握深入了解孩子、增进亲子关系的方法。

二、细化沟通，促进参与

1. 活动前

在开展主题活动之前，通过家长会的形式同家长沟通，讲解新主题的预设目标和在活动中拟提升的幼儿相关能力，以及家长需要进行的相关准备，建议家长与幼儿共同搜集一些与主题内容相关的图书、图片、实物等材料，并将其带到园中。通过提前拍照、摄像等方式，展示照片与视频，与大家分享前期的活动准备。

2. 活动中

在主题活动开展过程中，通过主题墙、作品墙、家园共育栏及时向家长介绍活动内容及进展，帮助每位家长全面了解班级活动的开展情况。例如：在开展《我升中班了》的主题活动时，邀请做牙医的家长为幼儿们讲解保护牙齿的意义与方法；开展消防教育活动时，邀请做消防员、警察的家长讲解火灾逃生的知识，协助组织参观活动等。家长的参与，可以使活动更具有时效性，幼儿与家长共同探索的方法也更易于被幼儿接受与认可。

3. 活动后

每个主题结束时，都邀请家长参加主题活动汇报会，总结本次主题活动的开展情况和幼儿的发展情况，鼓励、表扬在活动中积极协助的家长们，这种家园协作的方式有利于更好地促进幼儿全面发展。

实现幼儿园与家庭的良好沟通并不是容易的事，需要双方共同努力、团结协作。作为幼儿教师，我们应该主动创造条件，采取有效方式赢得家长的认可，排除家长的疑虑，打通沟通渠道，为促进幼儿的身心健康发展奠定坚实基础。

做智慧教师，和家长有效互动

马 丹

　　家长工作在幼儿园工作中占有非常重要的地位。家长工作做得好，可以使班级工作更加顺利地开展，教师在工作中得到更多帮助。但家长工作同时也是难度较大的工作之一。如何与家长进行有效沟通？如何使家长了解幼儿园及教师的想法，支持配合教师的工作？怎样才能有效地进行家园互动？这些都是教师们需要认真学习研讨的课题。

　　例如，这学期开学，我们班迎来了新入大班的幼儿。这些幼儿在中班时的教师没有陪同升班，这就使我们的工作面临一些新的情况与问题，其中一个重要问题就是新生家长工作的开展。由于这些家长习惯了之前两年跟班教师的风格和处事作风，对于本年度新接班教师缺乏了解，因此在一开始沟通交流时，如遇到幼儿升入大班后的行为习惯培养、家长如何配合教师开展工作等，需要一段磨合期。

　　另一个问题是，不同的家长有不同的性格，而家长在与教师接触初期也不了解教师的性格、处事方式。在这个时期，双方都处在探索、磨合阶段，教师应当做到：细心观察、有效沟通、建立合作。

　　细心观察在于：教师要把幼儿在园的活动和状态，全面向家长介绍，让家长了解在园时教师和幼儿的生活和学习状况，打消家长心中的疑虑。

　　有效沟通在于：如果沟通没有契合家长真实的需要，很容易成为无效沟通。我们可以通过家访、日常观察与沟通等方式，充分了解家长的需求，从而有针对性地与家长进行有效的沟通，让他们了解到自己最想了解的问题，这样才能使家长感受到教师对家长需求的真切了解及对幼儿的细致关心，并因此对教师产生信任感。

建立合作在于：发动家长建立更加广泛的合作，例如在班级中建立家委会，帮助收集家长们的困惑与建议，配合支持幼儿园工作。通过增进家长与教师、家长与家长之间的互动，加深各方的了解与信任。

小故事，大智慧

（代后记）

　　众所周知，幼儿园教育是基础教育的重要组成部分，是学校教育制度的基础阶段。为了加强幼儿园的科学管理，规范办园行为，提高保育和教育质量，促进幼儿身心健康，国家有关部门出台了一系列涉及幼儿园规范管理的规章制度，如《幼儿园工作规程》《幼儿园教育指导纲要》《幼儿园管理条例》等。各幼儿园据此在管理制度园本化中进行不断探索，很多幼儿园还进一步探索了制度管理与人文管理的有效结合。

　　人文管理强调"以人为本"，可通过更和谐的人际关系，凝聚更大的群体合力。新中街幼儿园的发展壮大，正得益于此。特别是在平衡制度管理与人文管理，有效调动园所物力与人力资源，使其功能最优化等方面，新中街幼儿园取得了令人瞩目的成绩。

　　本书的一则则小故事是该园园长与教师在不断探索中凝结出的一颗颗珍珠。园长对教职工的管理、中层干部对教师的管理、教师对幼儿保教工作的管理及教师对家园共育实践的管理，无不渗透于细碎、鲜活、生动的故事中，全面见证了新中街幼儿园对制度管理与人文管理融合创新的执着追求过程，更折射出其让每一位幼儿获得健康成长与发展、让幼儿园教师体会职业归属感与职业成就感、让家园形成凝聚力与共生力的办园初心。

　　品读着每一则故事，分享着朴实而精巧的智慧，我们发现新中街幼儿园正是在人文化、精细化管理中实践着全员育人的理念。《风景这边独好》《"神奇"的彩色便笺》体现了园长谋求提升男教师职业归属感、个性化评价教师等管理智慧;《教育中的伙伴》彰显了教师与家长协同育儿的凝聚力;《工作细节决定工作品质》呈现了从园长到中层干部再到教职工,全员参与管理、集思广益助力幼儿园保教事业的生动实践;《跟进式指导——带着幼儿玩出健康与精彩》《引领骨干教师带研》诠释了中层干部在业务开拓中的巧思;《我的柜子我做主》《总爱"多管闲事"的孩子》展露了教师保育、教育幼儿的慧心;《众人拾柴火焰高》《团结就是力量》描绘出教师之间的互助共进。

从 2018 年初至今,本书写作历时两年,李丽华园长于繁忙工作之余利用休息时间将其在管理实践中的心得体会以小故事形式亲自书写成文,并请 40 位园所教师协同参与撰写,直至汇编成书,期望为学前同仁贡献智慧。经过数次修改、加工,本书终于可以付梓。

我们曾经感动于孔子"君子不器"、陶行知"四块糖"、苏霍姆林斯基"一大朵玫瑰花"的哲思,此刻,请来读一读新中街幼儿园的教育故事,相信这些故事也会激发您智慧的火花,触动您深刻的思考。